물음에 답하다

물음에 답하다

지은이 | 조재욱
초판 발행 | 2022. 3. 16
6 쇄 발행 | 2024. 1. 18
등록번호 | 제 1988-000080 호
등록된 곳 | 서울특별시 용산구 서빙고로 65길 38
발행처 | 사단법인 두란노서원
영업부 | 2078-3352   FAX | 080-749-3705
출판부 | 2078-3331

책값은 뒤표지에 있습니다.
ISBN 978-89-531-4169-8 03230

독자의 의견을 기다립니다.
tpress@duranno.com www.duranno.com

* 본문에 인용된 성경은 표기가 없는 한 우리말성경임을 밝힙니다.

두란노서원은 바울 사도가 3차 전도여행 때 에베소에서 성령 받은 제자들을 따로 세워 하나님의 말씀으로 양육하던 장소입니다. 사도행전 19장 8-20절의 정신에 따라 첫째 목회자를 돕는 사역과 평신도를 훈련시키는 사역, 둘째 세계선교(TIM)와 문서선교(단행본·잡지) 사역, 셋째 예수문화 및 경배와 찬양 사역, 그리고 가정·상담 사역 등을 감당하고 있습니다. 1980년 12월 22일에 창립된 두란노서원은 주님 오실 때까지 이 사역들을 계속할 것입니다.

물음에
답하다

혼들리는
청년들의
7가지 질문

조재욱
지음

두란노

Contents

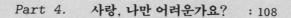

유대인 부모들은 아이가 학교에서 돌아오면 "오늘 선생님 말씀 잘 들었니?"라고 묻지 않고 "오늘은 어떤 질문을 했니?"라고 묻는다 한다. 질문은 참여의 방식인 동시에 인식의 심화로 인도하는 입구다. 기존 질서에 길들여진 사람은 질문하지 않는다. 권위자들이 제시한 정답을 따라 그저 살아갈 뿐이다. 나쁜 종교는 회의를 허락하지 않는다. 인식을 향한 모험에 나설 준비가 되지 않은 이들은 단정적으로 말하는 이들에게 자기 자유를 맡긴 채, 그것을 신앙적 확신이라고 생각한다.

그러나 모든 것을 낡게 만드는 시간은 우리를 회의의 무풍지대에 그저 버려두지 않는다. 세상일은 참으로 복잡하고 미묘하다. 예기치 않은 일들이 벌어져 우리가 편안하게 머물고 있던 일상 세계를 뒤흔들고, 우리를 지켜 준다고 믿었던 신념의 체계들이 무너져 마치 벌판에 선 것처럼 아뜩한 느낌에 사로잡히기도 한다. 칼 야스퍼스(Karl Jaspers)가 말하는 '한계체험'이 그것이다. 한계체험은 우리가 어떻게 손을 써 볼 수 없는 상황이다. 그 체험은 고통스럽지만 우리로 하여금 본래적 실존에 눈을 뜨게 하는 계기가 되기도 한다.

《물음에 답하다》는 인생이라는 미로에 갇힌 채 방황하는 젊은이들에게 삶의 실상을 보게 하고, 더 나은 삶을 선택할 수 있도록 도우려는 열망의 산물이다. 사람은 언어를 통해 생각한다. 언어화되지 않은 것들을 안다고 말할 수 없다. 이 책의 저자는 요즘 젊은이들을 사로잡고 있는 막연한 불안과 두려움과 의혹의 정체가 무엇인지를 질문을 통해 드러낸다. 질문은 대답을 내포한다. 고담준론을 통해 당위적 삶을 역설하는 것이 아니라, 젊은 세대에게 깊은 영향을 끼치고 있는 대중문화로부터 출발하여 질문을 확장해 가는 과정이 매우 설득력 있게 다가온다. 그 질문들에 대한 답을 언제나 성경에서 찾는 것은 상투적으로 보일 수도 있지만, 그것은 저자가 선 삶의 자리와 관련되기에 어쩔 수 없다. 질문을 제기하고, 그 질문에 대한 답을 찾아가는 과정을 따라가다 보면 우리 눈을 가렸던 안개가 어느새 스러졌음을 알게 될 것이다.

○ **김기석** 청파교회 담임목사

사영리 한 장을 들고 캠퍼스 현장을 누비면서 복음을 전하던 시대가 있었다. 그러나 권위를 부정하는 포스트모던 시대에 접어들면서, 기존의 방식으로 복음을 전하기가 어려워졌다. 복음은 변하지 않았지만, 시대와 문화가 바뀌었다. 변화된 시대 속에서 어떻게 복음을 전해야 하는지를 보여 주는 모델을 찾고 있었는데, 조재욱 목사의 《물음에 답하다》는 메마른 사막에서 만난 얼음냉수 같은 책이다. 현대인들이 가지는 궁극적 질문인 자아상, 꿈, 자유, 사랑, 관계, 정의, 그리고 죽음과 영원에 이르는 과정을 그들의 깊은 갈망으로부터 시작하여 모순을 드러내 주고 복음으로 초대하는 과정이 잘 드러나 있다. 새로운 대안이 아니라 기존의 전통적 교리가 오늘날의 문제에 가장 완벽한 해결책임을 드러내는 과정은 한 편의 작품을 보는 것처럼 아름답다.

예수님의 전도 방식은 인간의 현재적 필요(felt needs)를 채워 주시는 것에서 궁극적 필요(real needs)인 복음으로 나아가신 것임을 알 수 있다. 이 책도 인간이 가지는 현재적 필요인 '물음'을 통해 궁극적 '답'이신 예수 그리스도를 증거하고 있다. 살아 있는 물고기를 갓 잡았을 때처럼, 목회 현장에서 땀 흘리며 부딪치며 배워 온 살아 있는 진리가 펄떡거린다.

○ **고상섭** 그사랑교회 담임목사

저자는 인간의 근원적 '물음'들을 토대로 글밭을 풀어 나간다. 자아, 꿈, 자유, 사랑, 외로움과 인간관계, 정의, 죽음 등. 모든 인간이 던질 만한 '물음'들이지만, 사실 이 시대의 한국 사회를 살아가는 청년들의 입을 통해 더욱 물어질 질문들임이 분명하다. 아마도 저자 본인에게 이런 물음들이 반복해서 주어졌기에 답하려 펜을 들었을 것이다. 저자는 여러 가지 방식으로 그 물음들을 아우르고 있지만, 결국 내게는 이 모든 게 '복음' 이야기로 들린다. 일종의 변증적 복음이랄까. 내가 들려주고 싶은 복음이 아니라, 그들의 문제로부터 시작한 물음에 대한 기독교적 답변 말이다.

그런데 저자의 변증은 시대에 대한 이해와 그것에 답할 논리도 충분하지만, 기존의 것과 뭔가 다른 유니크함이 느껴진다. 아마도 그것의 정체는 '감성' 같다. 뻔한 답은 더 이상 듣지 않으려 하는 청년들을 위해 앞에서 훈수하듯 말하는 게 아니라, 옆에서 함께 보폭을 맞춘다. 그리고 같은 것을 바라보며, 같은 느낌을 공유하며, 같은 언어로 대화하듯 말하고 있다. 한마디로 저자는 이 책을 통해 너무도 세련되게, 그러면서도 묵직하게 꽉 들어찬 복음을 전하고 있다. 만약 팀 켈러(Timothy Keller)가 우리 시대의 한국 청년들을 향해 메시지를 준비했다면, 이 책의 것과 같지 않았을까 하는 발칙한 상상마저 해 본다.

○ **손성찬** 이음숲교회 담임목사

솔직하게 말하자면, 나는 에세이류의 글을 그다지 좋아하지 않는다. 정확히는 선입견이 있달까. 나는 내용의 알맹이가 차 있지 않은데 미문으로만 점철된 글을 싫어한다. 읽을 때는 잠깐 위로가 되지만 삶의 궁극적인 핵심에 가닿지 않는 얄팍한 글을 싫어한다. 신앙의 이야기를 하긴 하지만 그다지 성경적이지도, 복음적이지도 않은 말랑말랑한 글을 싫어한다. 그래서 내용의 알맹이가 풍성하고, 문제의 본질을 건드리며, 성경적이고 바른 신학에 근거한 복음적인 글은 절대 에세이가 될 수 없을 거라 생각했다. 그리고 조재욱 목사는 이 모든 내 선입견을 박살 내 주었다.

그는 삶에 대한 가볍고 무거운 모든 문제로 시작해서, 정체성, 꿈, 자유, 사랑, 정의 등의 보편적 문제들을 복음적으로 훑은 후, 결국 그리스도의 부활로 사람들을 데리고 간다. 그의 글은 청년들이 읽고 누리기 좋은 글이지만, 사실 모든 인간 실존을 복음적으로 만진다. 이걸 에세이로 해 냈다! 그것도 전작보다 더 훌륭하게. 나도 글을 쓰는 작가로서, 그의 재능과 은사에 하나님께 감사하고, 동시에 질투한다. 하지만 이렇게 기쁜 질투가 생길 줄이야!

○ **이정규** 시광교회 담임목사

지금 우리는 노력한 만큼의 결과가 공평하게 주어지지 않고, 꿈을 가진다는 자체가 사치로 느껴지는 고단한 삶을 살아가고 있다. 꿈을 품고 이웃을 사랑하며 정의롭게 살아가고 싶지만, 지금 당장 스스로 먹고살기도 급급하다. 그런 우리가 살아가며 한 번쯤은 던져 보았을 질문들, 그러나 너무 크고 추상적이어서 그 답을 찾아볼 여유조차 없이 속으로 삼키고 외면하던 물음에 따뜻하고 차분하게 대답해 주는 책이다.

하나님 아닌 내가 세상과 인생의 주인 행세를 하는 것이 우리들의 고민과 질문의 시작이면서 동시에 답을 찾지 못하고 헤매는 이유라고 차근차근 설명하고 있다. 내 삶, 꿈, 자유, 사랑, 그리고 죽음까지, 이 모든 것이 나만의 것이 아니다. 하나님이 주관하시기에 하나님 안에서, 하나님과 함께 답을 찾아야 했는데 혼자 골똘히 생각하고 해결하려 했으니 도무지 풀 수 없었던 것이다.

그럼에도 현실의 삶 속에서 여전히 하나님과의 거리를 좁히고 하나님과 대화하는 것이 두렵고 막막한 우리에게 이 책은 힌트를 주고 있다. 스스로 답을 찾아야만 할 것 같은 막연함 속에서 '함께 답을 찾아보자'고 손을 내밀어 주는 친구 같은 책이다. 희망이 없어 보이고 혼란스러운 세상을 어떻게 살아가야 좋을지 방향을 알려 준다. 이 책을 조금 더 일찍 보았더라면 나 역시 중요한 선택과 큰 변화 속에서 더욱 지혜롭고 의연하게 헤쳐 나갈 수 있지 않았을까 생각한다.

○ **배윤슬** 청년 도배사

모든 사람은 행복하길 원한다. 어떻게 해서든 그 행복을 쟁취하기 위해 저마다 세상의 다양한 전략과 방법을 찾는다. 하지만 좀처럼 내가 원하던 행복과는 가까워지지가 않는 것 같다. 설령 원하는 것을 이루었다고 해도 시간이 지나면 공허함만이 남는다. 그 공허함을 다양한 것으로 채우려고 하지만 그 어떤 것으로도 채워지지가 않는다. 그 자리를 채울 수 있는 분은 오직 하나님이시기 때문이다.

하나님의 도우심을 늘 경험하며 사는 사람이 행복한 사람이다. 내 삶의 문제를 해결하기 위해 하나님의 손을 끌어오는 게 아니라, 하나님께로 나아가 그분의 품 안에서 거하며 그분과 관계를 맺으면 그분이 이기게 하신다. 결국 모든 건 하나님과의 관계에 달려 있다. 하나님 빠진 성공, 하나님 빠진 행복은 헛되며 바람을 잡는 것과 같다고 한다(전 1:2, 2:11). 하지만 하나님을 초대하고 그분의 통치를 받기 시작하면 우리 인생에는 반전이 일어난다. 공허하기만 했던 '헛된 인생'이 하나님으로 인해 '핫한 인생'이 된다.

저자는 이 책을 통해 우리가 그리스도인으로서 살면서 던져야 할 근본적인 질문을 던져 준다. 그리고 분명히 알려 준다. 우리의 삶은 결국 '하나님과의 관계'에 달려 있다는 것을 말이다.

'나에게도 이렇게 말해 주는 어른이 있었으면 얼마나 좋았을까.' 평소 저자가 운영하는 페이지에 올라오는 글들과 이 책을 읽는 내내 내 안에서 품은 생각이다. 교회에서든 세상에서든 너무도 많은 어른이 "젊은이들이여! 큰 꿈을 품으라. 꿈이 없는 인생은 죽은 인생이다"라고 일방적인 동기 부여의 메시지를 전하거나 그도 아니면 "네 인생의 주인은 너야! 어차피 죽을 텐데 현재를 즐겨라"라고 현실을 도피하게 하는 일시적인 위로를 하는 모습을 너무도 많이 봐 왔다. 그 안에서 상처를 받고 방황하게 되는 것은 고스란히 젊은이들이다. 그런 점에서 이 책은 혼탁한 시대를 살아가는 그리스도인 젊은이들에게 진정으로 하나님이 기뻐하시는 삶을 살도록 돕는 지혜롭고 현명한 길잡이가 되어 줄 것이다.

○ **전대진** 작가

목사로 지내면서 언제부터인가 교회 안에서 사람을 만나는 것보다 교회 밖에서 사람을 만나는 걸 더 좋아하게 되었다. 이유는 하나였다. 하나님이 없는 세상의 이야기가 궁금했고 알고 싶었기 때문이다. 세상을 좋아했다는 말이 아니다. 내가 궁금한 건 하나님 없이 살아가는 사람들의 마음속 깊은 내면의 이야기였다.

내 나이가 청년 세대였고 맡고 있는 부서가 청년부다 보니 자연스레 만남의 대상은 주로 청년이었다. 수많은 청년을 만나 하나님을 이야기한 것이 아니라, 그들의 이야기를 묵묵히 들었다. 그러면서 그들이 어떤 고민 속에서 어떤 세상을 살아가고 있는지를 알 수 있었다.

많은 청년의 이야기를 들으며 한 가지 공통점을 깨달았다. 세상 속에서 사람들은 모두 무엇인가를 찾고 있다는 사실이었다. 찾고 있는 것들은 조금씩 달랐지만, 결국엔 몇 가지 주제들로 묶을 수 있었다. "자아", "꿈", "자유", "사랑", "외로움과 인간관계", "정의", "죽음" 등이었다. 사람들은 내가 원하는 인생이 무엇인지 알고 싶어 했고, 꿈이 무엇인지를 놓고 고민했으며, 자유를 찾

아 헤맸고, 아름다운 사랑을 꿈꿨다. 혼자가 편하다 하
면서도 외로움에 힘들어했고, 인간관계를 두고 고민했으
며, 정의롭지 못한 세상에서 정의를 외쳤다. 또 언젠가
죽을 인생이라면 당장의 행복을 위해 살고자 노력했다.

 사실 이런 모습들은 굳이 사람들을 직접 만나 이야기
하지 않아도 쉽게 알 수 있다. 오늘날 SNS에 떠도는 수
많은 글, 사람들이 '좋아요'를 누르고 공유하는 이야기
와 영상, 인터뷰를 보고 있으면 결국엔 모두 비슷한 이
야기투성이다.

 이렇게 무엇인가를 찾고 있는 사람들의 모습 속에서
오늘날 사람들이 대단히 중요한 무엇인가를 잃어버리고
있다는 사실을 알 수 있었다. 찾는 이유는 결국 무엇인
가가 없기 때문 아닌가. 그렇다. 오늘날 사람들은 인생에
서 무엇인가를 잃어버렸고, 그것을 여러 가지 모양으로
찾고 있었다. 그리고 적어도 그것은 물질적인 것을 넘어
마음속 깊은 어떤 것과 관련된 것이었다. 바로 영혼의
문제였다.

 오늘날 교회 안에서는 심심치 않게 이런 말들이 들려
온다. "지금은 교회의 가장 큰 위기다." "오늘날 젊은 세
대는 더 이상 하나님께 관심이 없다. 그들은 너무 많은
것을 누리고 있고 즐길 게 많기에 굳이 하나님을 필요

로 하지 않는다."

하지만 나는 오히려 오늘날 시대를 바라보며 지금이야 말로 더욱 하나님을 말하기 좋은 시대라고 이야기한다. 그 어느 때보다 가장 물질적인 것을 추구하는 시대이기에, 오히려 사람들의 내면에 물질로는 결코 채워지지 않는 영혼의 구멍이 크게 생겼다. 그런 의미에서 오늘날이야말로 성 어거스틴(St. Augustine)의 다음 말이 가장 잘 어울리는 시대다.

당신은 당신을 위해 우리를 지으셨으므로, 우리의 마음은 당신 안에서 쉴 때까지 쉼이 없습니다.

사실 역사 속에서 하나님을 전하기 좋지 않은 시대는 없었다. 그럼에도 오늘날 사람들이 더 이상 교회의 이야기를 들으려 하지 않는 이유는 교회의 부정적인 모습 때문이기도 하지만, 교회가 어떻게 현 시대에 복음을 전해야 하는지를 놓치고 있는 까닭이기도 하다. 복음이 정말 모두에게 필요한 것이라면 복음은 어떤 시대에도 가장 매력적인 메시지다. 단, 시대와 문화의 변화에 맞춰 복음을 전하는 방식은 변화될 필요성이 있다.

나는 오랜 시간 오늘날의 사람들에게 하나님을 어떻게

이야기해야 할지를 고민했다. 또한 현대 사람들이 잃어버린 채 찾고 있는 각각의 문제들에 기독교가 어떤 대답을 주는지를 말하기 위해 노력했다. 그 결과, 현재 SNS에서 4만 5천 명의 사람들과 함께 하나님을 이야기하며 소통하고 있다. 하지만 SNS를 넘어 더 깊은 이야기를 하고 싶었고, 그 결실로 이 책을 쓰게 되었다.

이 책은 크게 세 부류의 독자들을 위해 썼다.

첫 번째 독자들은 기독교 신앙을 가지고 있지 않지만 인생에서 무엇인가를 잃어버린 채 찾고 있는 사람들이다. 특별히 오늘날 사람들이 고민하며 질문하고 찾아 헤매는 "자아", "꿈", "자유", "사랑", "외로움과 인간관계", "정의", "죽음"의 문제에 기독교가 어떤 대답을 줄 수 있는지 말하고자 했다.

두 번째 독자들은 기독교 신앙을 가지고 있지만 여전히 이와 같은 고민을 하고 있는 사람들이다. 하나님을 믿는 믿음과 그 믿음이 내 인생에 어떤 영향을 미치는지는 조금 다른 문제다. 하지만 분명한 것은, 복음은 우리의 삶 전체에 지대한 영향을 미친다는 것이다. 이 책은 하나님을 믿는 믿음이 내 삶의 여러 고민들에 어떤 영향과 변화를 가져다주는지 궁금해하는 사람들에게 도움을 줄 것이다.

세 번째 독자들은 복음을 가지고 오늘날 세대와 소통하기 위해 노력하는 사람들이다. 복음은 모든 시대 모든 사람에게 가장 필요하고, 가장 중요하다. 하지만 각 시대마다 복음을 전하는 방식은 분명 달라야 한다. 팀 켈러의 말을 빌리면, 상황화가 필요하다. 이를 위해서는 그 시대의 사람들이 가장 공감할 수 있고 쉽게 이해할 수 있는 언어로 접근해야 한다.

나는 오늘날 사람들에게 하나님을 전하고자 여러 고민을 하며 상황화와 공감대를 높이기 위해 많은 노력을 기울였다. 그래서일까? 이 책의 원고를 처음 보고 출판사에서 온 피드백도 '공감대가 굉장히 높다'는 것이었다. 오늘날 복음으로 사람들과 소통하고자 한다면 이 책이 도움을 줄 수 있을 것이다.

글을 마무리하는 곳에 한 번쯤 생각해 보며 나눌 수 있는 질문들이나 글을 넣었다. 책을 읽으며 질문들에 자신의 생각을 써 보거나 다른 누군가와 나눈다면 더 큰 유익을 얻을 것이다. 부디 이 책을 통해 당신의 물음에 답하시는 하나님의 마음이 전달되기를 소망한다.

Part 1

내가 왜
나를
모르겠지
???

"내가 원한 삶이 이거였나?
나 지금 여기서 뭐 하고 있는 거지?
내가 나를 모르겠다.
나를 잃어버린 거 같아."

나를
잃어버린
세상

•
•
•

"유 퀴즈 온 더 블럭"이라는 TV 예능 프로그램에 출연
한 여배우 진기주 씨의 이력은 매우 독특했다. 서른 초
반의 그녀는 연기자가 되기 전까지 무려 세 번이나 직업
을 바꿨고, 거쳐 온 직업들 모두 남들이 부러워할 만한
것들이었다. 좋은 대학교를 나와 대기업의 정직원으로,
이후 방송국 기자와 슈퍼모델을 거쳐 배우까지, 남들은
청춘의 대부분을 쏟아부어도 쉽게 이룰 수 없는 성취를
그녀는 무려 네 번이나 이루었다. 사람들은 이런 그녀를

두고 '프로 이직러'라고 불렀다. 그런데 도대체 왜 그녀는 짧은 시간 동안 네 번이나 직업을 바꿨을까?

그녀는 이유 중 하나로 '행복'을 말했다. 남들이 부러워할 만한 직업을 얻고 성취를 이뤘지만 정작 자신이 꿈꾸던 삶은 그 어디에도 없었다. 합격의 기쁨은 잠시뿐, 그녀가 마주한 현실은 생각과 달라도 너무 달랐다. 현실의 벽에 부딪쳐 몇 번이나 직업을 바꿔 봤지만 그 어디에도 자신이 원하는 행복은 없었다.

그리고 그녀는 한 가지 사실을 깨달았다. 지금껏 선택해 온 직업들은 자신이 원해서 선택한 것이 아니라, 남들을 좇아가다 보니 어느새 그 자리에 와 있던 것뿐이었다. 그렇게 그녀는 '내가 진짜 원하는 삶이 무엇인가?'를 고민했고, 과거 자신이 꿈꾸던 배우가 되기로 결심했던 것이다.

그렇다면 자신이 원하던 배우가 된 지금 그녀는 행복할까? 그녀는 답했다.

지금 이 일이 그동안 제가 겪어 왔던 직업들 중에 가장 불안정하고, 자존감도 많이 깎이고, 상처도 많이 받고 그렇긴 한데요. 그냥 흥미로워서 좋아요.

이 답변을 듣던 진행자 유재석 씨는 공감하며 말했다.

저는 이 대답이 더 솔직해서 좋은 거 같아요. 흔히 사람들은 내가 원하는 일을 하면 이제 행복할 거라고 생각하지만 사실 현실은 그렇지 않거든요. 내가 원하는 일을 해도 힘들고 어려운 일은 여전히 존재하죠. 있는 그대로를 이야기해 줘서 오히려 더 공감이 되네요.

내가 원하는 삶을 찾아 직업을 바꿔 온 배우 진기주 씨처럼, 오늘날 많은 사람 또한 '내가 원하는 삶'을 찾아 헤맨다. 실제로 많은 사람이 그녀의 인터뷰에 공감하며 '나는 지금 잘 살고 있는 걸까?'라는 질문과 함께 자신의 삶을 돌아보았다는 댓글을 남겼다. 아마 어떤 이는 그녀의 인터뷰에 힘을 얻어 '내가 진짜 원하는 삶'을 찾아 도전하기도 했을 것이다.

그런데 내가 원하는 삶을 찾아 도전한다 해도 그것을 얻을 수 있는 사람은 많지 않다. 누군가에겐 내가 원하는 삶을 고민하는 것 자체가 배부른 소리일 수 있고, 누군가는 원하는 삶을 찾았어도 그것을 이루지 못해 좌절한다. 어떤 이는 애당초 내가 원하는 삶을 살아갈 용기 자체를 내지 못하기도 한다.

사실 내가 원하는 삶을 찾고 이루었다는 그녀의 이야기는 매우 특별한 이야기다. 그런데 자신이 원하는 것을 찾아 이룬 그녀도 정작 "행복합니까?"라는 질문에는 자신 있게 답하지 못했다. 어쩌면 그녀는 지금도 또 다른 무엇인가를 찾고 있는 중은 아닐까?

사실 이 이야기는 오늘날 우리의 이야기이기도 하다. 우리는 모두 내가 원해서든, 남들에 의해서든, 주변의 말을 좇아서든, 아니면 흐르는 대로 왔든 간에 각자만의 자리에 와 있다. 지금 이 글을 읽고 있는 당신도 마찬가지일 것이다. 어떻게 왔든지 당신 또한 지금 내 삶의 자리에 와 있다. 그런데 당신은 그곳에서 완전히 만족하는가? 이것이야말로 진짜 내가 원하고 꿈꾸던 삶이었다고 자신 있게 말할 수 있는가?

대다수의 사람들이 그렇지 못하다. 이상하게 사람들은 내 삶의 자리에서 완전히 만족하지 못한다. 내가 그토록 원했던 것도 막상 그 자리에 가 보면 또 다른 문제들이 보이고, 내가 생각했던 것과 다르다는 걸 알게 된다. 그리고 이 사실을 깨달을 때 사람들은 나지막이 속삭인다.

"아니야, 내가 원했던 건 이게 아니야."

나를
찾아
헤매는 사람들

•
•
•

생각과는 다른 현실 속에서 사람들은 정신없이 살아가
다가도 문득 멈춰서 스스로에게 묻곤 한다. "내가 원한
삶이 이거였나? 이게 진짜 행복일까? 나 지금 여기서 뭐
하고 있는 거지?" 그리고 이런 질문이 찾아올 때 사람
들은 비로소 한 가지 사실을 깨닫는다. '내가 나를 모르
겠다. 나를 잃어버린 거 같아.'

나를 잃어버린 사람들을 향해 세상은 "나를 찾기 위해
선 온전히 나에게 집중해야 한다"고 말한다. 주변의 시

선 따위 신경 쓰지 말고 나를 들여다보고, 명상하며, 온전히 내 안에서 나를 찾는 것. 이게 세상이 말하는 나를 찾는 방법이다. 그리고 이런 외침에 따라 사람들은 더욱 나에게 집중하려 한다. 그래서 주변의 이야기, 요구, 시선에서 벗어나 온전히 나만 바라본다.

하지만 조금만 생각해 보면 '나 스스로 나를 찾는 일'은 불가능한 일이다. 우리는 모두 한때는 내가 그토록 원했고 정답이라고 생각했던 것들이 나를 배신한 수많은 경험을 이미 해 봤다. 그런데 과연 이번에는 다르다는 걸 어떻게 알 수 있을까? 지금도 나를 제대로 알지 못하는 내가 과연 노력한다고 나를 찾을 수 있을까? 애당초 내 힘으로 나를 찾고 알 수 있는 능력이 있었다면 왜 우리는 지금까지 수없이 방황하고 실패해 왔을까? 정말 그럴 능력이 있다면 이렇게까지 방황하지도 않았을 것이다.

하지만 이런 한계에도 불구하고 오늘날 세상은 끊임없이 "정답은 내 안에 있다"고 말한다. 그리고 사람들은 이 말을 따라 더욱 자신만 바라보며 살아간다.

그러나 주변의 관계들을 다 무시하고 귀를 닫은 채 수많은 사람이 모두 나만을 바라보며 사는 세상은 어딘가 각박하고 매정하며 이기적이다. 간혹 주변에서 다른 사람 따위 신경 쓰지 않고 오직 자신만의 세계에 빠져 사는 사람을 본 적이 있는가? 막상 우리는 그런 사람을 향해 "나를 제대로 찾고 있네!"라고 말하지 않는다. 분명 우리는 스스로의 힘으로 나를 찾기엔 어딘가 부족하다. 배우 윤여정 씨는 "인생이란 무엇인가?"를 묻는 질문에 이렇게 답했다.

60이 되어도 인생을 몰라. 나도 처음 살아 보니까. 나 67살이 처음이야.

어쩌면 "인생을 살아 보니 답은 내 안에 있더라"라는 말보다 60년을 넘게 살아도 여전히 인생을 모르겠다는 그녀의 말이 더 현실적이지 않을까. 실제로 "인생을 모르겠다"는 그녀의 솔직한 인터뷰에 많은 사람이 공감하며 위로를 얻었다.

하지만 오래 살아도 여전히 인생이 무엇인지 모르겠다는 말은 한편으론 어딘가 허무하고 답답하게 느껴진다. 정말 우리는 끝까지 내 인생과 나를 모른 채 살아가야 하는 걸까? 내가 왜 살아야 하는지, 어떻게 살아야 하는지, 나에게 맞는 삶은 무엇이고, 무엇이 행복한 삶인지를 고민하는 것은 무의미한 일일까?

인생을 이렇게 생각할 때 우리는 어디로 가야 할지 길을 잃은 것과 같은 막막함과 불안감에 휩싸인다. 그래서일까? 이런 막막함과 불안감 속에 사람들은 누군가가 나의 길을 알려 주기 원한다. 그래서 사람들은 주변을 향해 끊임없이 뭔가를 물으며 확인받고 싶어 한다. "나 잘하고 있는 걸까? 이게 맞는 거겠지?"

그렇게 사람들은 "인생에 정답은 없어"라는 말에 고개를 끄덕이면서도 나름의 길을 찾기 위해 여기저기 기웃거린다. 유명 강사의 강연으로, 유튜브 영상으로, 책으로, SNS의 수많은 글 속에서 누군가로부터 끊임없이 나를 확인받고 싶어 한다. 그게 아니면, 적어도 지금 내가 그 자체로 옳다고 말이라도 해 주길 원한다.

"괜찮아. 너 잘하고 있어."

"그래? 그런데 왜 이렇게 답답하지?
내 인생인데 내 마음대로 안 돼.
그래서 더 답답해."

세상을 보는
두 가지
이야기

•
•
•

나를 잃은 채 무엇인가를 계속해서 찾아 헤매는 사람들을 보고 있으면 마치 어둠 속 한가운데에 있는 것 같다. 캄캄한 어둠 속에 있을 때 우리는 그곳이 아무리 작은 방이라 해도 길을 잃은 것 같은 느낌을 받는다. 어둠 속에서 우리는 내가 지금 어디에 있는지 알 수 없고, 어디로 가야 할지 모른다. 길을 찾기 위해서 조심히 손을 뻗어 여기저기 더듬거리며 헤매다 무엇인가에 부딪치기도 하고 넘어지기도 한다.

그런데 우리가 살아가는 세상과 인생은 작은 방 정도가 아니다. 광활한 세상에서 내가 어디에 있는지 모르고, 어디로 가야 할지를 모른 채 무엇인가를 찾아 헤매고 방황하며 부딪치고 넘어지는 우리의 모습은 그야말로 어둠 속에 있는 것과 같다. 성경은 이렇게 잃어버린 나를 찾아 방황하고 헤매는 우리의 모습을 '어둠'이라고 표현한다.

도대체 왜 우리의 삶은 어둠같이 되었을까? 성경은 요한복음 1장 1절 "태초에"라는 말씀으로 그 이유가 세상의 시작과 관련되어 있다고 말한다.

태초에 말씀이 계셨습니다. 그 말씀은 하나님과 함께 계셨고 그 말씀은 하나님이셨습니다(요 1:1).

'태초에'라는 단어는 성경의 첫 책인 창세기에서도 맨 처음에 등장하는 단어로, 여기엔 세상을 바라보는 거대한 틀이 담겨 있다.

오늘날 우리가 살아가는 세상과 우주를 이해하는 데는 크게 두 가지 틀이 존재한다. 바로 창조와 우연이다. 흔히 사람들은 하나님이 세상을 창조하셨다는 사실은 과학적으로 증명할 수 없기에 믿을 수 없다고 말한다.

하지만 우연 또한 과학으로 증명할 수 없다. 둘은 모두 과학 밖에 있는 믿음의 영역이다. 그래서 과학자들 중에 서도 창조를 믿고 받아들이는 사람들이 꽤나 존재한다.

사람들은 모두 스스로 인식하진 못해도 창조와 우연 이라는 두 가지의 관점으로 세상과 우주를 이해하고 있 다. 그런데 만약 당신이 세상은 그저 우연히 생겼고, 나 또한 우연히 발생한 존재라고 믿는다면 굳이 인생에서 길을 찾고 물으며 나에 대해 궁금해할 필요도 없다. 어 차피 모든 것이 우연이라면 그런 건 아무 의미도 없기 때문이다. 인생이 어쨌든지 간에 우연에선 그 어떤 의미 도 존재하지 않는다. 나 또한 아무런 이유도 없이 어쩌 다 우연히 존재할 뿐이다. 인생이 답답하고 막막해도 어 쩌겠는가. 애당초 난 그런 존재인 걸.

하지만 사람은 그 누구도 어쩌다 생겨난 존재처럼 살 수 없다. 내가 아무리 우연히 존재한다고 믿어도 우리 는 우연을 넘어 내 존재의 의미를 찾기 원한다. 우주와 별의 사진을 찍는 한 천체 사진사는 "우리는 우주의 먼 지다. 하지만 어차피 우주의 먼지라면 행복한 먼지가 되 자"고 말했다.

이게 인간이다. 내가 우주의 먼지에 불과하다는 걸 알 아도 거기에 '행복'이라는 의미를 붙이지 않고선 살 수 없는 존재. 그래서 사람들은 자신이 우연히 존재한다고 머리론 알아도 마음으론 인정하지 않는다.

태초에 하나님이 세상을 창조하셨다는 말씀은 왜 인간이라면 이토록 의미를 추구하고 찾아 헤매는지를 알려 준다. 성경은 우리가 우주의 먼지 따위가 아니라고 말한다. 우리는 창조주 하나님의 형상을 따라 창조된 인격적이고 고귀하며 삶에 분명한 의미와 목적을 가지고 태어난 존재다. 요한복음은 이를 두고 다음과 같이 표현한다.

모든 것이 그분(말씀)을 통해 지음 받았으며 그분(말씀) 없이 된 것은 아무것도 없었습니다(요 1:3).

성경이 쓰인 당시는 엄연히 황제가 존재하고 황제의 권위가 가장 높은 시대였다. 당연히 최고 권위자인 황제의 '말'은 그 자체로 곧 법이었고, 나라의 모든 질서와 통치는 최고 권위자인 황제의 '말' 한마디에 좌지우지되고 결정되었다. 그가 새로운 도시를 건설하자고 '말'하는 순간, 새로운 도시가 건설되었다.

마찬가지로 성경은 하나님의 말씀을 통해 모든 세상 만물과 인간이 창조되었다고 말한다. 이 말이 사실이라면 세상의 가장 큰 권위자는 당연히 하나님이시다. 그런데 하나님이 모든 것을 창조하신 권위자라는 말에는 또 다른 의미가 담겨 있다. 바로 권위자이신 하나님이야말로 '우리'가 어떤 존재인지를 가장 잘 아시는 분이라는 것이다.

이와 비슷한 모습을 부모와 자녀의 관계를 통해서 알 수 있다. 세상에 태어난 갓난아기에게 있어 가장 큰 권위자는 자신을 낳아 준 부모다. 아이는 자연스럽게 권위자인 부모를 통해서 자신의 존재를 알아 간다.

그런데 만약 어떤 부모가 자녀를 낳은 후 "네 존재에 대한 정답은 오직 네 안에 있단다. 그러니 네가 스스로 찾고 알아 가렴"이라고 말했다고 해 보자. 과연 이 아이가 자라면서 자신의 힘으로 내가 어떤 존재인지를 발견하고 알아 갈 수 있을까? 이는 불가능하다. 오히려 아이는 더욱 큰 혼란에 빠질 것이다.

세상에 태어난 아이는 오직 자신을 낳아 준 권위자인 부모를 통해서만 자신을 알 수 있다. 부모가 자신의 이름을 부르며 그가 어떤 존재인지 말해 줄 때 아이는 그 말을 통해 정체성을 확립하고, 내가 어떤 존재인지 알아 간다.

우리가 우연히 생긴 우주의 먼지가 아니라, 하나님의 형상으로 창조된 그분의 자녀라면 내가 나를 알고 찾을 수 있는 유일한 방법은 한 가지다. 나를 만든 권위자이신 하나님을 통해서 우리는 내가 어떤 존재인지를 분명하게 알 수 있다. 나를 세상에 존재하게 하신 하나님을 통해 우리는 나의 정체성과 존재의 가치와 의미를 발견해 간다. 우연 안에서 우리는 내가 누구인지 알 수 없지만, 하나님 안에서 우리는 내가 누구인지를 알아 간다.

당신은 우주의 먼지인가?

사랑받는 자녀인가?

답은
바깥에
있다

· · ·

안타깝게도 창조주 하나님을 떠난 인간은 자신이 하나
님의 형상을 따라 창조된 존재가 아니라 우연히 존재하
는 우주의 먼지에 불과하다고 믿기 시작했다. 세상에 자
신의 존재를 이처럼 비하하는 일이 또 있을까.

창조주 하나님을 떠난 인간은 차라리 우주의 먼지가
되기로 선택했다. 그러나 우주의 먼지가 되어 버린 인간
은 내가 어떤 존재이고, 왜 이 세상에 존재하며, 무엇을
위해 살아야 하는지 삶의 의미와 존재 가치 또한 잃어

버렸다. 그리고 어둠 속에서 더듬거리며 헤매는 인생으로 전락해 버렸다. 하나님을 잃는 순간, 우리는 나도 잃었다.

당신은 어떤가? 나는 그저 우연히 생긴 존재에 불과하고 우주의 먼지 중 하나에 지나지 않는다고 생각하는가? 물론 그렇게 생각할 수도 있다. 하지만 정작 그 누구도 먼지처럼 살 순 없다. 우리는 모두 먼지처럼 세상을 살지 않는다. 한 천체 사진사의 말처럼, 우리는 '행복한 먼지'라도 되고 싶어 한다.

오늘날 끊임없이 내가 원하는 무엇인가를 찾아 헤매는 사람들의 모습은 이를 잘 보여 준다. 사람들은 잃어버린 나를 찾기 위해 내 안을 들여다보기도 하지만 여전히 캄캄하다. 나를 들여다볼 때 우리가 알 수 있는 건 내가 나를 모른다는 사실뿐이다.

성경은 우리가 잃어버린 것을 결코 그런 식으로 찾을 수 없다고 말한다. 우리를 살아 숨 쉬게 하고 에너지와 삶의 원동력을 주는 것들은 대부분 우리 안에 있는 것이 아니라 밖에서 주어지는 것들이다.

아기가 생명을 유지하고 건강하게 자라기 위해선 외부에서 알맞은 것들이 공급되어야 한다. 영양분을 섭취하기 위해선 엄마의 젖을 먹어야 하고, 숨을 쉬기 위해선 바깥의 공기를 마셔야 하며, 외부에서 누군가의 돌봄과 도움이 주어져야 한다. 이렇듯 우리에게 생명을 공급해 주는 중요한 것들은 대부분 내 안이 아니라 외부에서 주어진다.

이는 우리 영혼도 마찬가지다. 우리가 그토록 찾아 헤매는 영혼 깊숙한 곳에서 오는 갈증과 해답은 우리 안에서 만들어 내거나 찾을 수 있는 게 아니다. 신체가 건강한 생명을 유지하기 위해선 외부에서 주어지는 것들을 잘 섭취해야 하듯이, 우리 영혼도 건강한 생명을 유지하기 위해선 외부에서 무엇인가가 주어져야만 한다. 성경은 이를 빛이라고 말한다.

한 치 앞도 보이지 않는 칠흑 같은 어둠 속에서 길을 잃은 우리가 길을 찾기 위해 필요한 건 어둠 속을 뚫어져라 쳐다보는 게 아니다. 어둠 속에 있는 우리에게 필요한 건 바깥에서 주어지는 밝은 빛이다. 마찬가지다. 아무리 들여다봐도 알 수 없는 나를 알기 위해 우리에게 필요한 건 어두운 우리의 영혼을 밝히 비추어 줄 밝은 빛이다.

참 빛이 있었습니다. 그 빛이 세상에 와서 모든 사람을 비추었습니다(요 1:9).

영혼 깊은 곳에서 오는 갈증을

내 안에서 해결하고 만족할 수 있는가?

당신의 만족은 어디에서 오는가?

빛이신
예수

•
•
•

성경은 단순히 빛이 어둠 속을 비춘 것을 넘어 직접 세상에 왔다고 말한다. 이를 이해하기 위해 작은 예를 들어 보자.

지금 당신은 매우 어려운 처지에 처해 있다. 고난에서 벗어나기 위해 온갖 방법을 쓰고 평생을 몸부림쳤지만 도저히 해결할 길이 보이지 않는다. 오히려 막막함만 더 커질 뿐이다. 그러던 어느 날 당신의 사연이 왕에게 들린다. 그는 이야기를 들으며 매우 안타까워했고 문제를 해결해 주고 싶어 한다. 그에겐 문제를 해결할 수 있는 능력도 있다. 그런데 더 놀라운 일이 당신 앞에 벌어진다. 왕이 직접 당신을 찾아온 것이다. 당신을 찾아온 왕을 만나는 순간, 당신은 단순히 문제가 해결되는 것 이상을 경험할 수 있다. 위엄 있고 영광스러우며 사랑과 자비가 넘치는 왕을 있는 그대로 경험하게 된 것이다.

빛이 세상에 왔다는 성경의 말씀은 이와 비슷하다. 요한복음 1장 14절은 이를 더욱 분명하게 다음과 같이 표현한다.

그 말씀이 육신이 돼 우리 가운데 계셨기에 우리는 그분의 영광을 보았습니다. 그것은 은혜와 진리가 충만한 아버지의 독생자의 영광이었습니다(요 1:14).

요한복음에서 '말씀'과 '빛'은 모두 요한복음의 저자인 요한이 직접 경험하고 목격한 예수님을 가리킨다. 지금 요한은 예수님이 어둠 속에 있는 우리를 밝게 비추어 줄 빛으로 세상에 오신 하나님이라고 말하고 있다. 그러면서 요한은 예수님을 볼 때 우리가 그분 안에서 하나님의 영광과 은혜와 진리도 함께 볼 수 있다고 말했다. 즉 요한은 이렇게 말한 것이다.

예수님은 빛으로 세상에 오신 하나님입니다. 그분은 하나님의 은혜와 진리로 가득 차 있기에 우리는 예수님을 통해 하나님의 영광을 선명하게 볼 수 있습니다. 그러므로 여러분이 어둠에서 벗어나 길을 찾고 싶다면 직접 세상에 오신 빛이신 예수님을 바라보십시오. 그분이 어떤 일을 하셨고, 무엇이라고 말씀하셨는지에 집중하고 귀를 기울여 보십시오. 빛으로 오신 예수님을 통해 우리는 이제 어둠에서 벗어날 수 있게 되었습니다.

어떤 이들은 예수님에 대한 이런 제자들의 고백이 자신들의 교세를 확장하기 위해 과장으로 지어낸 이야기라고 말한다. 하지만 이는 당시 상황을 모르고 하는 말이다. 예수님 당시 유대인들에게 하나님이 인간으로 세상에 오신다는 건 감히 상상도 할 수 없을 만큼 불결한 일이었다. 그런데 그것도 모자라 하나님이 원수인 로마에 의해 십자가에 달려 죽으셨다고? 이건 그 자체로 심각한 신성 모독이었다.

이런 시대적 상황에서 예수님의 제자들이 교세를 확장하기 위해 이 이야기를 지어내는 것은 그 자체로 바보 같은 일이었다. 오히려 이 말을 한 건 목숨을 걸어야 하는 위험한 일이었다. 그런데 실제로 요한복음의 저자인 요한을 비롯한 제자들은 목숨을 걸고 이 이야기를 전했다. 도대체 왜 그들은 이렇게까지 했을까?

합리적인 이유는 하나다. 그들이 예수님을 통해 그동안 자신들이 잃어 왔던 무엇인가를 찾았기 때문이다. 역사상 수많은 종교 지도자가 제자들에게 '진리를 찾는 방법', 곧 어떤 노하우에 대해 가르쳤다. 하지만 예수님은 제자들을 향해 이렇게 말씀하셨다.

> 나는 길이요, 진리요, 생명이니 나를 통하지 않고서는 아버지께로 올 사람이 없다(요 14:6).

예수님은 진리를 찾는 방법이 아니라, 자신이 곧 진리이고 어둠을 밝히는 빛 자체라고 말씀하시고 가르치셨다. 바로 이것이 제자들이 목숨을 걸면서까지 예수님을 전한 이유다. 그들은 빛이신 예수님을 통해 자신들이 잃어버렸던 것들을 찾았고 발견했기에 그것을 전하지 않을 수 없었다.

하지만 예수님께 나간다고 해서 모든 사람이 잃어버린 것을 찾을 수 있는 건 아니었다. 더 중요한 것은 예수님을 어떤 분으로 믿고 고백하느냐에 있었다. 요한은 이를 다음과 같이 말했다.

그분이 자기 땅에 오셨지만 그분의 백성들이 그분을 받아들이지 않았습니다. 그러나 그분을 영접한 사람들, 곧 그분의 이름을 믿는 사람들에게는 하나님의 자녀가 될 권세를 주셨습니다 (요 1:11-12).

성경은 하나님을 떠나 나를 잃은 채 방황하는 우리를 어둠에서 벗어나도록 하시려고 하나님이 직접 빛으로 세상에 오셨다고 말한다. 예수님은 어두운 세상에 빛으로 오신 하나님이시다. 그래서 요한복음에는 예수님을 통해 어둠 같은 자신의 삶을 비춘 빛을 보고 경험한 수많은 사람의 이야기가 담겨 있다.

그런데 예수님을 만난 모든 이가 어둠에서 빛으로 나온 것은 아니었다. 어떤 이들은 빛이신 예수님을 봤음에도 그분을 거부했고, 심지어 어떤 이들은 예수님을 핍박하고 죽이기까지 했다. 그러나 예수님은 세상에서 가장 어두운 죽음에서 부활하심으로 예수님이 빛 자체시라는 것을 더욱 확실하게 보여 주셨다. 그러므로 빛이신 예수님을 나의 하나님으로 믿고 받아들이는 사람들은 과거에도 그렇고 오늘날에도 어두운 자신의 내면과 인생에 밝은 빛이 비치는 경험을 하게 된다.

여러분은 모두 빛의 아들들이요, 낮의 아들들이기 때문입니다. 우리는 밤이나 어두움에 속하지 않았습니다(살전 5:5).

예수님은 어둠을 밝히는 빛 자체시다.

이 사실이

당신에게 의미하는 것은 무엇인가?

빛으로
나아오라

•
•
•

성경은 하나님을 떠나 우주의 먼지가 되길 선택한 채 어
둠 속에서 끊임없이 나와 행복을 찾아 헤매는 우리가
빛이신 예수님께 나아갈 때 진정한 삶의 의미를 발견하
고, 나를 알아 가며, 행복이 무엇인지 발견할 수 있다고
말한다. 그분이 곧 나를 만드신 하나님이기에, 우리는
예수님을 통해서 진짜 나를 알아 갈 수 있다.

　그러나 이 일은 마법처럼 "뿅!" 하며 한순간에 이루어
지지 않는다. 빛이신 예수님 안에서 나를 알아 가기 위

해선 두 가지가 필요하다.

첫 번째로, 하나님을 떠나 스스로 우주의 먼지가 되기를 선택했던 우리가 다시 하나님의 자녀로 돌아가야 한다. 하나님의 자녀가 된다는 것은 예수님이 우리를 어둠에서 구원하기 위해 이 땅에 오신 하나님이며, 내 인생의 주인이시라는 것을 믿고 받아들이는 것에서 시작된다. 하나님이 나를 만드신 분이기에 나에 대해 가장 잘 알고 계시며, 하나님을 통해서만 내가 온전한 삶을 살 수 있다는 것을 인정하는 것, 이게 믿음이다.

하지만 믿음은 여기서 끝나지 않는다. 하나님의 자녀가 되었다면 이제 우리는 새롭게 맺어진 하나님과의 관계 속에서 하나님의 자녀로 살아가는 법을 누리고 알아가야 한다. 이전까지 하나님이 아닌 세상의 목소리에 귀를 기울이고 내 생각이 정답인 것처럼 살았다면, 이제는 하나님의 말씀에 귀를 기울이며 그분을 통해 세상과 나를 바라보는 법을 배워야만 한다. 이게 두 번째다.

하나님을 떠나 어둠에 있던 우리가 밝은 빛을 경험하며 나를 알아 가는 과정은 이 두 가지로 이루어진다. 예수님을 하나님이시자 나의 빛으로 받아들이고 믿는 순간, 우리는 어둠 같았던 인생에 빛이 비치는 경험을 한다. 하나님을 통해 내가 더 이상 우주의 먼지가 아니라는 것을 깨닫고, 분명한 의미와 목적을 가진 하나님의 자녀라는 사실을 발견한다.

그리고 이 사실을 발견할 때 우리는 자연스럽게 하나님이 나에게 주신 삶이 무엇인지를 고민하기 시작한다. 그렇게 하나님의 자녀로 그분과 교제하고 동행하며 그분을 알아 갈수록 우리는 나를 향한 하나님의 뜻을 점점 더 선명하게 깨닫게 된다. 그리고 이 과정 속에서 어둠 같았던 우리 인생은 점점 더 밝아진다.

나를 잃어버리고, 행복을 잃어버리고, 인생의 의미를 잃어버린 채 무엇인가를 끊임없이 찾아 헤매는 세상에서 진짜 나를 찾는 길은 내 안에 있지 않다. 사실 우리가 바라보는 나는 대부분 조작된 나다. 아이러니하게, 사람들은 나를 바라보면서 정작 부족하고 부정적인 모습은 보려 하지 않는다. 그런 것들은 애써 외면한 채 어딘가에 숨기고, 긍정적이고 좋은 모습만 보려 한다. 과연 이렇게 한쪽으로 편향되어 왜곡된 나를 진짜 나라고 할 수 있을까?

우리가 진짜 나를 찾고자 한다면 부정적인 내 모습까지 직면하고 마주할 수 있어야 한다. 왜 긍정적인 모습만 나고, 부정적인 모습은 내가 아닌가? 예수님의 빛이 비치는 순간, 우리는 애써 부정하며 감춰 왔던 나의 모

습을 직면하게 된다. 빛이신 예수님 안에선 내가 보기
싫어하며 부끄러워하던 것들이 모두 숨김없이 드러난다.

감추어진 것이 드러나지 않을 것이 없고 숨겨진 것이 알려지지
않을 것이 없다(눅 12:2).

그런데 빛이신 예수님을 통해 나의 부정적인 모습이
드러나도 우리는 더 이상 괴로워하지 않을 수 있다. 예
수님의 빛은 그런 우리까지 용서하고 용납하고 받아 준
사랑의 빛이기 때문이다. 그래서 사랑의 빛이신 예수님
의 빛이 비칠 때 우리는 비로소 '조작된 나'가 아니라,
'진정한 나'를 발견하고 알아 간다. 나의 부족함에 좌절
하고만 있지 않고, 이런 나도 사랑하신 예수님의 사랑
을 바탕으로 더 성장하며 의미 있는 인생을 살아간다.

그렇게 우리의 존재는 그분 안에서 더욱 밝히 빛나 간
다. 역사 속에서 수많은 사람이 이 예수님의 빛 안에서
진정한 나를 발견한 후 의미 있고 가치 있는 삶을 살아
갔다. 이건 오늘날 우리도 마찬가지다. 예수님의 빛 안
에 있을 때 우리는 비로소 진정한 나를 찾고 알아 가기
시작한다.

내일이 불안하고 두려운
어둠 속에 있진 않는가?

진짜를 잃어버린 채
찾아 헤매고 있진 않는가?

빛이신 예수님께 나아가라.

그분을 아는 것을 넘어
나의 하나님으로 인정하라.

그분을 영접할 때 우리는 그분의 사랑의 빛 안에서
그토록 찾아 헤매던 진짜 나를 발견하게 될 것이다.

Part 2

넌
꿈이 뭐니
???

우리는 어쩌다
한때는 생각만 해도 가슴 뛰게 만들고
소망을 품게 했던 꿈을 잃어버렸을까?
과연 우리는 잃어버린 꿈을
다시 찾을 수 있을까?

점점
더
멀어져 간다

·
·
·

지금은 고인이 된 김광석이라는 가수를 아는가? 1980년
대에 활동한 옛날 가수임에도 불구하고 그의 노래는 많
은 가수에 의해 리메이크됐고 지금까지도 꾸준히 사랑받
고 있다. 시간이 흘렀지만 여전히 그의 노래가 사랑받는
이유는 바로 가사에 있다. 그의 노래를 듣고 있으면 그가
인생과 삶, 사랑과 이별, 고통과 아픔을 이야기하는 데
탁월한 능력을 가졌다는 걸 알 수 있다. 그래서인지 시간
이 흐르고 세대가 달라졌어도 여전히 많은 사람이 그의

노래에 공감하며 위로를 받는다.

이런 모습은 시간이 흘러도 결국 인생과 삶은 크게 다르지 않다는 걸 보여 준다. 인생에 대한 고민, 사랑의 설렘과 이별의 아픔, 삶의 문제는 늘 동일하다. 그의 노래 중에서도 "서른 즈음에"는 이런 가사로 시작된다.

또 하루 멀어져 간다. 내뿜은 담배 연기처럼.
작기만 한 내 기억 속엔 무얼 채워 살고 있는지.
점점 더 멀어져 간다. 머물러 있는 청춘인 줄 알았는데.
비어 가는 내 가슴속엔 더 아무것도 찾을 수 없네.

그리고 노래의 마지막엔 이런 후렴이 반복된다.

매일 이별하며 살고 있구나.
매일 이별하며 살고 있구나.

나 또한 과거 이 노래를 들으며 많은 공감을 했다.

그런데 이 노래의 가사를 듣고 있으면 단순히 서른 즈음에 있는 사람들만을 위한 내용이 아니라는 걸 알 수 있다. 오히려 가사의 내용은 한때는 부푼 꿈을 안고 아등바등 살아왔지만 시간이 지나면서 어느새 담배 연기처럼 사라져 버린 우리 삶의 무엇인가에 관한 이야기다.

혹시 아침 출근길 버스와 지하철 안에서 사람들의 얼굴을 본 적이 있는가? 길거리를 지나다니며, 혹은 버스와 지하철 안에서 사람들을 보고 있으면 말끔한 차림과는 다르게 모두가 경직된 얼굴을 하고 있다.

사람들의 얼굴이 처음부터 그랬을까? 그들도 한때는 하루를 향한 기쁨과 기대와 꿈을 안고 집을 나서던 때가 있지 않았을까? 하지만 시간이 흐르며 한때는 부푼 꿈을 꾸었던 사람들의 얼굴은 점점 무기력함과 귀찮음, 스트레스 등을 안은 채 무엇인가 잃어버린 얼굴로 바뀌어 간다. 《청년의 시간》(두란노, 2017)의 저자 폴 손의 고백은 이 모습을 대표적으로 보여 준다.

아내는 결실을 맺었다. 모두 부러워할 만한 세계 최대 우주 항공 기업에 인턴으로 들어갔고 후에 정직원이 되었다. 그 정도면 성공했다고 자부했다. 고위 경영진과 함께 중요한 회의에 참석하고 기업 차원의 거대한 프로젝트도 이끌었다. 놀랍게도 스물여섯에 연봉은 이미 9천만 원을 돌파했다. 향후 5년, 10년, 15년을 위한 인생 계획도 세웠다. 완벽한 청사진이 완성되었고 모든 것이 완벽해 보였다. 하지만 만사가 척척 진행되는데 이상하게 행복하지 않았다. … 어느 날 문득 거울을 보니 예전의

활기찬 청년이 아닌 허무의 바다를 떠다니는 시체가 보였다. 날마다 죽지 못해 살았고 일은 지루한 고역으로 느껴졌다.[1]

혹시 거울 속 그의 모습이 지금의 나 같지는 않은가? 분명 예전과는 다른 자리에 와 있는데도 불구하고, 목표와 성과를 이루어 냈는데도 불구하고 정작 예전에 가슴 뛰던 무엇인가를 잃어버린 내 모습은 아닌가?

물론 이와 반대편에 있는 사람들도 존재할 것이다. 부푼 꿈을 안고 달리며 노력했는데도 내 마음대로 안 되는 세상살이에 좌절한 사람들. 세상이 나를 도와주지 않아서, 든든한 빽이 없어서, 아니면 코로나19 같은 생각지도 못한 위기 때문에 꿈을 접을 수밖에 없던 사람들. 그래서 지금은 내가 원한 게 아니지만 먹고살아야 하는 현실에 순응해서 겨우겨우 살고 있는 사람들.

한쪽은 자신이 원하는 바를 이루었고 한쪽은 이루지 못했지만, 둘 모두 거울 속 폴 손처럼 '허무의 바다를 떠다니는 공허한 시체'의 얼굴을 하고 있다. 그리고 이 모습 속에서 우리는 오늘날 내가 무엇을 잃어버렸는지 알 수 있다. 어느새 우리는 한때 내 가슴을 뛰게 하고 부푼 소망을 품게 했던 꿈을 잃어버렸다. 그리고 꿈을 잃어버린 사람들은 하루하루를 겨우겨우 버티듯이 살아간다.

우리에겐
꿈이
필요하다

.
.
.

우리는 어쩌다 한때는 생각만 해도 가슴 뛰게 만들고 소 망을 품게 했던 꿈을 잃어버렸을까? 과연 우리는 잃어버 린 꿈을 되찾을 수 있을까? 만약 찾는다 해도 또다시 현 실이라는 벽 앞에 좌절하진 않을까? 결국 이루지 못하 고 다시 좌절할 꿈이라면 꿈을 품는 게 의미가 있을까?

그래서 어떤 사람들은 이런 냉혹한 현실 앞에서 꿈 같 은 이야기는 그만하고 현실에 맞춰서 살라고 말하기도 한다. 이제 그만 꿈에서 깨어나 현실을 살라고, 그게 인생이라고 말한다. 하지만 꿈을 잃은 채 현실에서 살아남기 위해 사는 삶에서 우리는 그 어떤 기대도, 반짝거림도, 소망도 품을 수 없다. 그런 삶은 무기력한 모습으로 하루하루를 근근이 버텨 내는 삶이다.

성경은 지금으로부터 약 3천 년 전 오늘날 꿈을 잃은 수많은 사람처럼 한때 품었던 꿈을 잃은 채 무기력하게 살아가고 있던 한 사람을 소개해 준다. 바로 모세다. 모세는 이스라엘 사람이었지만 우여곡절 끝에 이집트의 공주에게 입양되어 당시 가장 강대국이었던 이집트의 왕자로 자라났다. 오늘날로 치면 금수저 중 금수저 집안의 배경을 안게 된 것이다. 왕자로 자라난 모세는 자연스레 최상의 교육과 훈련을 받으며 엘리트 코스를 밟았고, 당시에 가장 최고의 것들을 누리며 살았다.

그런데 이런 모세의 눈에 언제부턴가 자신의 동족들이 들어오기 시작했다. 자신과는 다르게 이집트의 노예로 고통스러운 시간을 보내고 있던 이스라엘 민족의 모습이 보인 것이다. 그리고 모세는 이런 동족들을 보며 마음속에 하나의 꿈을 품기 시작했다. 언젠가 반드시 자신의 민족을 이집트에서 해방시켜 자유를 주겠다는 민족 해방의 꿈이었다. 그는 어릴 때부터 이집트의 왕자로서 배우고 익힌 모든 것을 동원해서 이 꿈을 이루겠다는 소망을 가슴에 품었다. 그리고 이 꿈을 떠올릴 때마다 그의 마음은 뜨겁게 불타올랐다.

그러던 어느 날 모세는 자신의 동족을 괴롭히고 때리는 이집트 사람을 보고 홧김에 죽인 후 몰래 묻었다. 그러나 얼마 지나지 않아 모세가 사람을 죽였다는 사실이 밝혀졌고, 그는 하루아침에 왕자에서 도망자 신세로 전락한 채 광야로 쫓겨났다. 그렇게 쫓기는 몸으로 미디안이라는 변두리의 작은 나라로 도망간 모세는 자신의 신분을 숨긴 채 살았고, 시간은 어느새 40년이 흘렀다. 그리고 이 시간과 함께 한때는 자신의 민족을 노예에서 해방시키겠다는 원대한 꿈을 품었던 모세는 양 떼를 치는 초라한 인생으로 전락해 있었다.

> 모세가 자기의 장인어른인 미디안 제사장 이드로의 양 떼를 치고 있을 때였습니다(출 3:1).

당시 그의 모습이 어땠을지 떠올려 보라. 한때는 가장 강대국의 왕자로 최고의 환경에서 엘리트 교육을 받으며 살아온 그는 지금 어디에 있는지도 모를 변방에서 40년이라는 시간 동안 대단한 성과도 없이 장인의 양 떼나 돌보는 목동으로 전락해 있었다. 이런 모세의 눈에서 여전히 전과 같은 꿈과 소망이 빛나고 있었을까? 아니었을 것이다.

한때는 가슴 벅찬 꿈을 품고 꿈을 이루기 위해 열심히 살았지만 현실의 벽 앞에서 꿈을 잃어버린 모세. 꿈을 이루기 위한 원대한 계획을 가지고 있었지만 모든 게 물거품이 되어 버린 모세. 더 이상 자신을 향한 그 어떤 기대도, 소망도 없이 무기력한 모습으로 하루하루를 죽지 못해 살아가는 모세. 이런 모세의 모습에서 우리는 오늘날 예전에 품었던 가슴 뛰는 꿈을 어느새 잃어버린 채 광야 같은 세상에서 방황하고 있는 사람들의 모습을 떠올린다.

이런 무기력한 삶에서 벗어나 건강한 인생을 살고 싶다면, 죽지 못해 어쩔 수 없이 사는 삶이 아니라 소망을 품고 반짝거리는 인생을 살고 싶다면 우리에겐 꿈, 꿈이 필요하다. 꿈은 단순히 좀 먹고살 만하고 배부른 사람들만의 이야기가 아니다. 꿈은 현실을 모르는 동화 같은 이야기가 아니다. 꿈은 인간이라면 누구나 가치 있는 인생을 살기 위해 필요한 연료다.

이런 의미에서 모세의 이야기는 어느새 꿈을 잃어버린 사람들에게 하나님이 어떻게 꿈을 회복시켜 주기를 원하시는지 보여 주는 이야기라고도 할 수 있다.

꿈을
찾기 위해
필요한 것

•
•
•

성경은 꿈이 하나님과 우리의 관계에서부터 시작된다고 말한다. 하나님이 세상을 만드시고 이 세상 속에 나라는 존재를 특별하고 귀한 존재로 창조하신 디자이너라면 우리의 꿈은 당연히 하나님과의 관계에서 찾을 수밖에 없다. 하지만 오늘날 돈이 하나님이 되어 버린 세상에서 사람들은 꿈도 돈에서 찾으려 한다. 높은 연봉, 좋은 집, 슈퍼 카, 안정적인 직업, 적게 일하고 많은 돈을 버는 것, 건물주 등 오늘날 사람들의 꿈은 모두 돈과 관련이 있다.

하지만 돈이 곧 꿈이 되는 순간, 우리는 분명한 한계에 부딪힌다. 내가 원하는 만큼의 돈을 얻지 못할 때면 꿈을 이루지 못했다는 실패와 좌절감에 빠지고, 원하는 만큼의 돈을 얻었다 해도 거기서 오는 만족은 잠시일 뿐이다. 분명 돈이 주는 만족이 있지만 그것은 생각보다 오래가지 않는다.

돈을 꿈으로 좇는 사람들은 한결같이 돈이 가져다주는 좋은 점을 말한다. 하지만 정작 내가 가지고 있는 돈에 만족하는 사람은 그 누구도 없다. 돈은 많으면 많을수록 좋기에 항상 부족하다. 그래서 아이러니하게, 돈이 꿈이 될 때 사람들은 그 누구도 자신이 원하는 만족을 얻지 못한다. 돈이 아무리 많아도 사람들은 돈으로 채워지지 않는 허망함과 공허함을 경험한다. 실제로 돈의 세계에 살며 돈을 꿈으로 좇던 친구 중 한 명이 자신이 목표로 했던 것을 이룬 날 나를 찾아와 말했다.

난 평생 내가 얻고 싶어 하는 냉장고(목표한 돈)를 얻기 위해 살았어. 냉장고만 얻으면 그 안에 온갖 좋은 것이 가득할 거라고 믿었지. 그렇게 내가 원하는 냉장고를 얻기 위해 앞만 보며 열심히 살았는데 생각보다 더 빨리 얻게 된 거야. 그런데 그토록 원하던 냉장고를 열어 보니 정작 그 안은 썩은 음식으로 가득해. 과연 더 높은 목표를 세우고 새로운 냉장고를 얻는다고 다를까? 그래도 마찬가지일 거 같아. 난 길을 잃었어.

사실 오늘날 많은 사람이 원하는 물질적인 성공은 꿈이라기보다는 개인의 야망이다. 하지만 실체가 없는 야망은 그 무엇으로도 채워지지 않고, 채울 수 없다.

그래서 이 사실을 깨달은 어떤 사람들은 물질적인 성공에서 꿈을 찾기보다 건강한 가치관을 꿈으로 삼기도 한다. 그들은 망가지고 왜곡된 세상을 고치고, 아픈 사람을 치유하며, 어려운 이웃을 돕고, 잘못된 것을 바로잡는 것이야말로 건강한 꿈이라고 말한다. 실제로 이런 가치 있는 일을 꿈으로 삼은 사람들의 노력과 헌신으로 세상은 더 나아졌고 잘못된 것들이 고쳐져 가기도 했다. 하지만 이런 건강한 가치관을 꿈으로 품고 헌신하는 사람들의 노력에도 불구하고 우리가 살아가는 세상은 계속해서 더 왜곡되고 망가지며, 어둠은 오히려 짙어져만 가고 있다. 그렇지 않은가?

분명 물질과는 다른 이타적인 가치관을 꿈으로 품고 살아가는 사람들이 세상을 고치고 바로잡기 위해 많은 노력을 하지만 세상의 문제들은 그런 노력보다 더 크고 빠르게 악화된다. 이런 냉정한 현실 앞에서 건강한 가치관을 꿈으로 품는 것은 분명한 한계를 맞이한다. 그리고 이 한계를 깨달을 때 사람들은 자신의 꿈이 과연 의미가 있는지를 고민하며 좌절하거나 매너리즘에 빠진 채 다시 꿈을 잃어버리기도 한다.

결국 세상과 나를 만드신 하나님을 지워 버린 꿈은 개인의 야망으로 전락하거나 세상에서 이루어질 수 없는 한계에 직면한다. 이런 의미에서 오늘날 많은 사람이 한때는 가슴 뛰는 꿈을 꾸며 살았지만 점차 과거의 반짝거림을 잃어버리고 꿈을 잃은 이유는 하나님과 관계없는 꿈을 꾸기 때문이다. 아무리 내가 품은 꿈이 가치 있고 건강한 꿈이라고 해도 가장 중요한 하나님과의 관계가 빠져 있다면 현실의 벽 앞에서 무너지기 쉽다.

온전한 꿈을 되찾고 싶다면 방법은 하나다. 하나님과 우리의 관계가 회복될 때 비로소 우리의 꿈도 회복되기 시작한다.

당신은 무엇을 꿈꾸는가?
그 꿈은 온전히 실현 가능한가?

꿈은
어디서
시작되는가?

•
•
•

현실의 벽 앞에서 가슴 뛰는 꿈을 잃어버린 채 무기력한 인생을 살아가던 모세는 하나님과의 만남을 통해 다시 꿈을 회복하기 시작했다. 가장 먼저, 모세를 찾아가신 하나님은 자신이 세상에서 무엇을 하기 원하는지를 알려 주셨다.

내가 진실로 이집트에 있는 내 백성들의 고통을 보았으며 그들이 감독관들 때문에 울부짖는 소리도 들었다. 나는 그들의 고통을 잘 알고 있다(출 3:7).

하나님은 자신이 세상에서 무엇을 하기 원하는지를 알려 주신 다음 모세가 이 일에 어떻게 동참하길 원하는지 알려 주셨다.

> 그러니 이제 너는 가거라. 내가 너를 바로에게로 보내 너로 하여금 내 백성 이스라엘 자손을 이집트에서 이끌어 내게 할 것이다(출 3:10).

이 모습 속에서 우리는 성경이 말하는 꿈이 무엇인지를 알 수 있다. 성경이 말하는 꿈은 하나님과 관계가 회복된 우리가 하나님이 어떻게 세상에서 일하고 계시는지를 깨닫고 그 일에 동참하는 것에서 시작된다.

그런데 하나님이 모세에게 말씀하신 꿈은 과거에 모세가 품고 있던 꿈과 다를 게 없었다. 모세는 이미 젊은 시절 이집트의 노예로 온갖 고통 속에서 신음하고 있는 민족 이스라엘을 자유롭게 해방시켜 주고자 하는 꿈을 품었다. 하지만 과거 그가 품었던 꿈은 하나님과는 상관없는 개인적인 꿈에 불과했다. 만약 모세가 하나님과는 상관없이 개인적인 야망으로 민족 해방을 이루고자 했다면 그는 자신의 꿈을 이루기 위해 수단과 방법을 가리지 않았을 것이다. 그리고 이로 인한 피해는 누구보다 이스라엘 민족이 가장 크게 받았을 것이다.

오늘날에도 자신의 꿈과 야망을 위해서 다른 이들이 입는 피해는 아랑곳하지 않는 일들이 얼마나 많이 일어나는가. 자신의 야망을 이루기 위해 부하 직원과 동료들이 입는 피해 따윈 나 몰라라 하는 직장 상사와 대표들의 이야기는 흔하다. 그런데 이런 일은 자신의 꿈이 정당하다고 생각할 때 더욱 쉽게 일어난다. 내가 품고 있는 꿈이 가치 있는 일이라고 생각할수록 사람들은 그 과정에서 누군가가 겪는 피해는 어쩔 수 없다고 생각한다.

아무리 건강한 가치관과 꿈을 가지고 있어도 그것이 세상에서 온전히 이루어지기 어려운 이유 중 하나가 여기에 있다. 나만의 정의에 갇힌 꿈은 다른 누군가에겐 불의가 되기 쉽다.

결국 하나님과 상관없이 자신만의 꿈으로 민족 해방을 꿈꿨던 모세는 현실의 벽 앞에 도망자 신세가 되어 40년 동안 방황할 수밖에 없었다. 그런데 40년이라는 시간과 함께 어느새 꿈을 잃어버렸던 모세가 하나님을 만나자 다시 꿈을 회복하기 시작했다. 이 꿈은 분명 젊은 날 그가 품고 있던 것과 같은 꿈이었지만 이번엔 분명한 차이점이 있었다. 그 꿈이 더 이상 혼자만의 꿈이 아니라 하나님도 원하시는 꿈이라는 사실이었다. 자신을 찾아오신 하나님과 관계가 회복되자 모세의 꿈에는 전과는 다른 소망이 생기기 시작했다. '하나님이 이 일을 이루길 원하시는구나! 더 이상 이 꿈은 나 혼자만의 꿈이 아니구나! 하나님이 함께하신다면 이 일은 현실의 벽을 넘어 반드시 되는 일이구나!'

오늘날 많은 사람이 한때는 가슴 뛰게 만들었던 꿈을 잃어버리는 이유는 분명한 현실의 벽과 한계를 만날 때다. 내가 꿈꾸는 무엇인가를 이루었지만 그 이후의 삶은 정작 내 생각과 다른 현실 앞에서 사람들은 방황한다.

하지만 이런 삶에 하나님이 찾아오실 때 우리는 비로소 진정한 꿈을 되찾기 시작한다. 하나님과 관계가 회복될 때 우리는 꿈이 단순히 나 혼자만의 성공에 대한 이야기가 아니라 우리가 살아가는 세상 전체를 향한 이야기라는 걸 깨닫는다. 그리고 나를 넘어선 꿈 속에서 우리는 더욱 큰 삶의 의미와 가치를 발견한다. 동시에 내 꿈이 나 혼자만의 일이 아니라 하나님도 원하시는 일이라는 걸 알 때 우리는 현실의 벽과 한계를 넘어 하나님이 이 꿈을 이루어 가신다는 소망을 품게 된다.

이처럼 성경은 꿈이 내가 하고 싶은 것을 넘어서 그것보다 더 큰 이야기라고 말한다. 꿈은 세상을 창조하신 하나님이 원하시는 일에 동참하는 영광스러운 동행이다.

꿈을 찾을 때
찾아오는
변화

•
•
•

평범한 일상에서 비범한 일상으로

자신을 찾아오신 하나님을 만나 꿈을 회복하기 시작하자 모세에겐 이전과 다른 새로운 변화가 일어나기 시작했다. 가장 먼저 일어난 변화는 평소 그에겐 너무나 보잘것없던 광야가 거룩한 곳으로 바뀌기 시작했다는 것이다.

하나님께서 "더 이상 가까이 다가오지 마라. 네가 서 있는 곳은 거룩한 땅이니 네 발에서 네 신을 벗어라"라고 말씀하셨습니다(출 3:5).

그런데 모세가 서 있는 곳은 사실 전혀 특별한 곳이 아니었다. 그곳은 모세가 매일같이 양을 치러 나오던 지극히 평범한 광야에 불과했고, 과거 모세가 살던 이집트의 왕궁에 비하면 너무나 보잘것없는 곳이었다. 아마 모세는 그 광야로 나올 때마다 자신의 신세를 한탄했을지도 모른다. 하지만 평소에 그가 수없이 다녔던 평범한 광야가 하나님이 찾아오신 순간, 그 어떤 화려한 성전이나 왕궁보다 더 거룩한 곳이 되어 있었다.

종교 개혁이 일어나기 전까지 중세의 교회는 사람들에게 거룩한 일과 거룩하지 않은 일을 분리해서 가르쳐 왔다. 당시 사람들에게 거룩한 일은 직접적으로 하나님을 예배하고 섬기는 일이거나 교회 안에서 하는 봉사들이었고, 교회 바깥의 일은 하나님 앞에 별 가치가 없는 하등한 일이었다. 하지만 종교 개혁자들은 이런 가르침에 반대하며, 성경은 교회 안과 밖의 일 모두를 동일하게 거룩한 일이라 말한다고 가르치기 시작했다. 그것이 어떤 일이든 하나님이 나와 함께하고 계신다는 사실을 알고 하나님을 위해 일할 때 모든 일은 다 거룩하고 가치 있다고 가르친 게 종교 개혁의 정신이었다.

물론 성경에서 벗어난 거룩하지 않은 일도 존재한다. 하지만 극단적인 일이 아니라면 성경은 하나님 안에서 모든 일이 다 거룩하고 동일하다고 말한다. 중요한 건 어디서 어떤 일을 하느냐가 아니라, 누구와 함께, 누구를 위해 일하느냐에 달려 있다. 종교 개혁자 마르틴 루터 (Martin Luther)는 이렇게 말했다.

아버지가 갓난아기의 기저귀를 갈아 치울 때 저 위에선 하나님이 웃고 계신다.

그런 의미에서 하나님이 모세에게 "거룩한 땅이다"라고 말씀하신 곳은 오늘날로 치면 우리가 매일 왔다 갔다 하는 일상의 출퇴근길과 지극히 평범한 일터의 현장이다. 그런데 하나님이 그곳에 찾아와 함께하신 순간, 그곳은 더 이상 평범한 일터가 아니라 거룩한 땅이 된다.

오늘날 사람들은 내가 하는 일이 세상에서 볼 때 그다지 대단하지 않아서, 내 적성과 맞지 않아서, 내가 원했던 일이 아니라서, 함께하는 사람들과의 관계가 힘들고 어려워서 거룩한 일과는 상관없다고 생각한다. 그래서 많은 사람이 내가 하는 일에서 의미와 자부심을 느끼지 못한다. 오히려 나와 상관없는 곳에서 의미 없이 인생을 낭비하고 있다고 생각할 뿐이다. 그렇게 사람들은 당장 먹고살기 위해, 눈앞에 놓인 대출금을 갚기 위해 억지로 일한다.

하지만 성경은 이런 우리에게 전혀 다른 이야기를 해 준다. 내가 지금 있는 곳이 아무런 의미 없이 인생을 낭비하는 곳이 아니라, 하나님이 함께하시는 거룩한 곳이라는 것이다. 나에게 그곳이 어떻게 느껴지든 간에 하나님이 나와 함께하신다는 사실을 알 때 그곳은 거룩한 땅이 된다. 그리고 이 사실을 인정할 때 우리는 비로소 하나님이 지금 내가 있는 곳에서 일하고 계시고, 내가 어떻게 일하기를 원하시는지 볼 수 있는 눈이 열린다.

오늘날 많은 사람이 진정한 꿈을 찾지 못하는 이유는 내가 매일 지나다니는 지극히 평범한 곳이 거룩한 땅이라는 걸 알지 못하기 때문이다. 그래서 사람들은 이런 곳에선 하나님도 일하실 수 없다고 생각한다. 하지만 광야라는 모세의 일터에 찾아오신 하나님은 그곳을 "거룩한 땅이다"라고 말하셨다. 박철현 교수는 이 부분에 "평범한 일상에서 비범한 사건"이라는 소제목을 붙였다.[2]

하나님이 지금 이곳에서 나와 함께하고 계신다는 사실을 알 때 우리는 평범한 일터와 일상에서 하나님이 비범한 일을 하고 계신다는 사실을 깨닫는다. 그리고 이 사실을 깨달을 때 우리는 내가 속한 삶의 현장에서 어떤 삶을 살아야 할지를 알아 간다.

좇아가는 삶에서 뛰어넘는 삶으로

모세를 찾아가신 하나님은 그에게 신을 벗으라고 말씀하셨다. 모세 당시에 누군가에게 나아갈 때 신을 벗는다는 건 '나의 모든 것을 당신께 맡깁니다'라는 의미를 가지고 있었다. 하나님은 모세에게 그의 정체성을 다 하나님께 맡길 것을 요구하셨다.

오늘날 꿈은 사람들이 자신의 정체성을 어디서 찾으려고 하는지를 잘 보여 준다. 성공, 억대 연봉, 건물주, 내 집 마련, 좋은 학교, 좋은 배우자 등 사람들은 자신이 꿈꾸는 무엇인가를 통해 정체성을 찾으려 한다. "나 이런 사람이야", "학교는 여길 나왔어", "나 이런 데 살아", "이런 회사에 다녀", "연봉은 얼마야", "난 이런 걸 이루었어" 등이 곧 자신의 정체성을 결정짓는다.

하지만 그런 것들은 인생의 목표나 조건은 될 수 있을지 몰라도 꿈은 될 수 없다. 꿈은 그 어떤 목적이나 조건도 뛰어넘을 수 있게 해 주는 '무엇'이다. 그러나 오늘날 사람들에게 꿈은 무엇인가를 뛰어넘게 해 주는 것이 아니라, 좇아가기에 급급한 것에 불과하다. 그래서 사람들은 끊임없이 자신이 꿈꾸는 무엇인가를 좇아 살아간다. 그리고 그것을 통해 자신을 증명하려 한다. 그런 의미에서 오늘날 사람들에게 꿈은 나를 증명하기 위한 하나의 도구이기도 하다. 그래서 사람들은 꿈을 이루지 못할 때 엄청난 실패와 좌절감에 빠지고, 끝내 꿈을 놔 버리기도 한다.

이런 우리를 향해 정체성을 하나님 자신에게 맡기라는 하나님의 요구는 더 이상 우리가 꿈을 통해 자신을 증명할 필요가 없다는 사실을 보여 준다. 하나님과 우리의 관계가 회복될 때 우리는 더 이상 나를 증명하지 않아도 된다. 하나님이 우리가 어떤 존재인지를 증명해 주시기 때문이다.

예수님의 십자가는 이 사실을 가장 잘 보여 준다. 하나님은 우리를 위해 자신의 아들의 목숨을 내어 주셨다. 그분이 그렇게 하신 데는 다른 이유가 없다. 우리를 그 자체로 사랑하시기 때문에 그렇게 하셨다. 이 사실을 깨달을 때 우리는 더 이상 꿈을 통해 나를 증명하려 하지 않고, 이미 증명된 존재로서 살아간다.

그렇다면 증명된 존재로 산다는 건 무엇인가? 그건 바로 나를 증명해 주신 하나님의 일에 동참하며 내게 맡

겨진 삶을 사는 것이다. 진정한 꿈은 여기서 나온다. 하나님이 어떤 삶을 사는 존재로 나를 세상에 보내셨는가를 알 때 우리는 나를 증명하기 위해 쫓아가는 삶이 아니라, 오히려 무엇이든 뛰어넘는 삶을 살 수 있다.

내가 아내를 따라 러시아로 가기로 결정했을 때 사람들이 하나같이 나에게 물었다. "이제 막 책이 베스트셀러에 오르고 강의도 다니면서 조금씩 활동하기 시작했는데 아쉽지 않으세요? 러시아로 가면 그것들을 다 포기해야 하잖아요." 나는 그때마다 말했다.

아쉽죠. 그런데 그렇게 아쉽지도 않아요. 그런 건 제 삶에서 그렇게까지 중요하지 않거든요. 제 인생의 정체성은 '얼마나 유명해지는가? 강사로 강의를 많이 다니는가? 베스트셀러 작가가 되는가?'에 있지 않아요. 제 정체성은 하나님께 있어요. 그리고 저에겐 하나님을 통해 발견한 꿈이 있어요. 바로 하나님을 모른 채 인생을 방황하고 있는 사람들이 하나님을 통해 건강한 인생을 사는 거예요. 전 수많은 사람 앞에서 강의할 때도 좋지만 한 사람이 저를 통해 하나님을 만나고 건강한 삶을 살아갈 때가 더 보람되고 좋아요. 그렇다면 이 일은 어디서든 할 수 있잖아요. 오히려 러시아에 있을 때 한국에서 만나지 못한 만남을 가질 수도 있죠. 그러니 괜찮아요.

꿈은 어떤 결과나 성과에 대한 이야기가 아니다. 오히려 꿈은 결과와 성과에 상관없이 어떤 상황과 환경도 극복하게 해 주는 하나님이 주신 삶의 방식에 대한 이야기다. 하나님이 지금 세상에서 어떻게 일하고 계시는지를 알고, 하나님의 일에 내가 어떻게 동참하는 존재인지를 알 때 우리는 '아, 나는 세상에 이렇게 사는 존재로 부르심을 받았구나'라는 꿈을 찾고 회복하기 시작한다.

꿈을 품고 살아가는 건 나이와 상관없다. 하나님과 우리의 관계가 건강하게 회복될 때 우리는 하나님이 나를 세상에 어떤 존재로 부르셨는지를 깨닫고 꿈을 발견해 간다. 그리고 이런 꿈을 가지고 사는 사람은 그저 먹고 살기 위해서, 죽지 못해서, 나를 증명하기 위해서 무엇인가를 끊임없이 좇으며 살아가는 삶과는 분명 다른 삶을 살게 될 것이다.

당신의 꿈을 새롭게 정의해 보라.

재정의된 꿈 속에서
다시 나 자신을 들여다보라.

나는 무엇을 위해 사는가?

진정한 꿈은 좇아가는 삶이 아니라
넘어서는 삶에서 나온다.

꿈은 나와 세상을 만드신 하나님의 이야기다.

꿈은
세상 물정 모르는 현실감 없는 이야기가 아니라
내가 살아가는 이유에 대한 이야기다.

하나님이 지금 이 순간
나와 함께하신다는 걸 알 때 꿈은 시작된다.

당신에겐 이런 꿈이 있는가?

Part 3

아,
언제쯤
자유로워질까
???

진정한 자유를 찾고 있는가?
아무리 자유를 찾아 헤매도
자유는커녕 더욱 큰 좌절만
경험하고 있진 않는가?

어른만 되면
자유로울 줄
알았는데

·
·
·

당신은 자신이 얼마나 자유롭다고 생각하는가? 오늘날 사람들은 흔히 자유를 그 어떤 것에도 영향을 받지 않고, 내가 하고 싶은 대로, 내가 원하는 것을, 마음껏 할 수 있는 것이라고 생각한다. 하지만 자유에 대한 이런 생각은 우리를 자유롭지 못하게 할 뿐 아니라 오히려 더 불행하게 만든다. 왜냐하면 현실에선 그 어떤 것의 영향도 받지 않고, 내가 하고 싶은 대로, 내가 원하는 것을, 마음껏 한다는 건 불가능하기 때문이다.

조금만 생각해 보면, 어릴 적부터 우리는 단 한 번도 자유로웠던 적이 없다. 내 기억만 되돌아봐도 난 어릴 적부터 유치원에 가기 싫어도 가야만 했고, 학창 시절 하기 싫은 숙제를 하고 시험을 봐야 했으며, 한창 즐겁게 게임을 할 때면 엄마의 잔소리에 결국 내 의지와는 상관없이 게임을 꺼야만 했다. 음식은 어떤가? 내가 먹고 싶은 햄버거와 피자를 비롯해 온갖 군것질거리를 먹고 싶어도 주머니 사정 때문에 그럴 수 없었다. 그래서 어릴 적 나는 빨리 어른이 되고 싶었다. 어른이 되면 무엇이든 내 마음대로 할 수 있는 자유를 얻을 줄 알았으니까.

하지만 어른이 되어도 내 마음대로 할 수 있는 건 여전히 많지 않았다. 수능과 함께 영영 끝날 줄 알았던 시험과 숙제는 다시 반복되었고, 내 바람과는 상관없이 아무도 책임져 주지 않을 미래를 위한 준비를 해야만 했다. 가기 싫은 군대를 가야 했으며, 좋아하는 여자에겐 고백했다 매몰차게 차였다. 어른이 되었지만, 여전히 그 무엇 하나 내 마음대로 할 수 있는 건 없었다.

언젠가 "한끼줍쇼"라는 TV 예능 프로그램에서 성인이 된 청년들을 만나 "청춘이란 무엇인가?"라는 질문을 한 적이 있다. 두 청년은 각각 이렇게 답했다.

청춘은 뭐든지 다 할 수 있는데, 뭐든지 할 수 없는 것.

청춘은 포기하는 과정이다.

이들의 대답은 어른이 되면 드디어 자유를 얻을 줄 알았던 우리의 생각이 얼마나 큰 착각이었는지를 잘 보여준다. 어쩌면 어른이 된다는 건 내가 자유로울 수 없다는 사실을 깨닫는 과정인지도 모른다. 당신은 어떤가? 어릴 때부터 지금까지 그 어떤 제재도 없이, 내가 하고 싶은 대로, 원하는 것을, 마음껏 하는 자유를 경험해 본 적이 있는가? 장담컨대 그 누구도 그렇게 살 수 없다.

흔히 사람들은 돈이 이런 자유를 줄 수 있다고 생각한다. 하지만 엄밀히 말해서 돈은 우리에게 조금 더 많은 선택지를 가져다줄 뿐 자유를 줄 수는 없다. 그런데 돈이 더 많은 선택지를 가져다주는 것처럼 보일지 몰라도, 정작 우리가 선택할 수 있는 건 많지 않다. 왜냐하면 사람들은 항상 더 좋고 나은 것을 선택하고 싶어 하기 때문이다. 그렇기에 돈이 많아도 우리가 선택할 수 있는 건 여전히 한정적이다.

세상은 이런 속성을 이용해서 '프리미엄'과 '스페셜'이라는 이름으로 끊임없이 더 좋고 값비싼 것들을 선보여 사람들이 그것을 좇고 추구하도록 만든다. 결국 돈은 우리에게 계속해서 더 비싸고 화려하며 좋은 것을 추구하도록 만들 뿐 진정한 자유를 가져다주진 않는다.

가끔 아이들을 만날 때면, 어릴 때의 나처럼 아이들은 빨리 어른이 되고 싶다고 말한다. "왜?"라고 물어보면 이유는 매번 같다. "어른이 되면 내가 하고 싶은 거 다 하면서 마음대로 할 수 있잖아요." 하지만 해맑은 아이들의 대답을 들으며 어느새 어른이 된 나는 속으로 속삭인다. '어른이 된다고 다 할 수 있는 건 아니야…' 우리는 자유를 잃었다.

자유를 찾아 빨리 어른이 되길 원했던 아이는 정작 어른이 된 이후에도 여전히 자유롭지 않다는 걸 알게 된다. 결국 자유를 그 무엇의 영향도 받지 않고, 내가 하고 싶은 대로, 내가 원하는 것을, 마음껏 하는 것이라고 생각한다면 우리는 결코 자유로울 수 없는 현실에 계속 한탄하고 좌절할 것이다. 오늘날 사람들이 자유를 잃어버린 이유가 여기에 있다. 사람들은 단순히 자유를 잃은 것을 넘어 자유가 무엇인지를 잃어버렸다.

당신에게 자유는 무엇인가?

그 자유는 정말 얻을 수 있는가?

하나님을 떠나
노예가 된
사람들

•
•
•

예수님은 자유를 잃은 사람들을 향해 자유를 주겠다고 말씀하셨다.

> 그리고 너희는 진리를 알게 될 것이며 진리가 너희를 자유롭게 할 것이다(요 8:32).

그런데 자유를 주겠다는 예수님의 말씀에 사람들은 오히려 의아해하며 "우리가 누구의 노예도 아니고 지금

도 충분히 자유로운데 도대체 무슨 소리입니까?" 하고
물었다.

> 그들이 예수께 대답했습니다. "우리는 아브라함의 자손이고
> 어느 누구의 종이 된 적도 없는데 당신은 어째서 우리가 자유
> 롭게 된다고 말합니까?"(요 8:33).

자유를 주겠다는 예수님을 향해 "나는 이미 자유롭습
니다"라고 말하던 사람들처럼, 오늘날 사람들도 비록 완
전하진 않아도 자신이 이미 자유를 가지고 있고, 앞으
로 얼마든지 더 자유로울 수 있다고 생각한다. 그래서
사람들은 내가 아직 완전히 자유롭지 못한 이유는 능력
의 문제가 아니라, 조건의 문제라고 생각한다. 내게 더
많은 돈이 있다면, 취업만 성공하면, 더 나은 직장으로
이직을 한다면, 내 계획대로만 인생이 잘 풀리면, 주식
과 비트코인이 터져만 주면 비로소 진정하고 완전한 자
유를 얻을 수 있다고 생각한다.

이렇게 내가 원하는 무엇인가가 이루어질 때 완전한
자유를 얻을 수 있다고 생각하는 사람들을 향해 예수님
은 조금 이상한 말씀을 하신다. 사람은 모두 다 '죄의 종'
이라는 것이다.

예수께서 대답하셨습니다. "내가 진실로 진실로 너희에게 말한다. 죄를 짓는 사람마다 죄의 종이다"(요 8:34).

사람들은 흔히 죄를 도덕적, 윤리적으로 어긋난 행동을 하거나 법을 어기고 잘못을 저지른 것 정도로 생각한다. 하지만 성경이 말하는 죄는 그것보다 훨씬 더 깊은 차원이다. 성경이 말하는 죄는 단순히 잘못된 행동을 넘어서 영향력에 대한 이야기다. 세상과 나를 만드신 창조주 하나님의 영향력에서 벗어나 다른 것들의 영향력 아래로 들어가 거기에 영향을 받으며 살아가는 것, 이게 성경이 말하는 죄다.

"부부의 세계"라는 드라마에서 아내를 두고 다른 여자와 바람을 피우다 걸린 남편은 아내를 향해 뻔뻔하게 소리쳤다. "사랑에 빠진 게 죄는 아니잖아!" 하지만 아무리 사랑이라도 다른 여자를 사랑한 것은 평생을 함께하기로 약속한 부부 관계에선 심각한 죄다. 성경은 죄가 이와 같다고 말한다. 우리와 사랑의 관계를 맺고 있던 창조주 하나님을 떠나 다른 것을 사랑하고 그것을 따라 사는 것.

그런데 사람들은 정작 자신이 무엇인가에 영향을 받으며 그것을 따라 산다는 것을 잘 알지 못한다. 하지만 하나님을 떠난 사람들은 그 어떤 것에도 영향을 받지 않고 자유롭게 사는 것이 아니라, 오히려 더 많은 것에 영향을 받기 시작했다. 미국의 소설가인 데이비드 포스터 월리스(David Foster Wallace)는 이를 두고 이렇게 말했다.

성인의 치열한 일상생활 속에서 숭배하지 않는 상태란 존재하지 않는다. 누구나 (무엇인가를) 숭배한다. 무엇을 숭배할 것인지가 우리 선택으로 남을 뿐이다.[3]

그런데 이미 성경은 월리스가 한 말을 2천 년 전에 하고 있었다.

때가 오면 사람들이 바른 교훈을 받지 않고 오히려 욕심을 따라 귀를 즐겁게 하는 말을 하는 스승들을 많이 모아들일 것이다(딤후 4:3).

성경은 하나님을 거부한 사람들이 자유를 얻는 것이 아니라, 오히려 더 많은 스승을 두고 그것을 따르게 될 것이라고 말한다. 자신의 욕망을 채워 줄 수 있는 무엇인가를 따라 살면서 그것을 도와줄 많은 스승을 둔다는 것이다.

실제 이런 모습은 오늘날 우리에게 전혀 낯설지 않다.

대학 합격을 책임져 준다는 수많은 학원을 비롯해서, 취업 보장을 위한 컨설팅 업체, 성공적인 투자를 책임진다는 투자 기관, 심지어 연애와 결혼까지 자신만 믿고 따라오라는 결혼 정보 업체들. 이렇듯 사람들은 자신이 원하는 무엇인가를 얻기 위해 수많은 스승을 두고 그것을 따른다.

바로 이게 하나님의 영향력을 벗어난 세상의 모습이다. 하나님의 영향력 아래에서 떠난 사람들은 그 어떤 것에도 영향을 받지 않는 자유를 얻는 게 아니라, 더 많은 것의 영향을 받으며 그것을 따라 살기 시작했다. 윌리스는 현대 사람들이 영향을 받는 것으로 돈, 재물, 몸매와 미모, 성적 매력, 권력, 지성 등을 이야기한다. 그러나 실제로 오늘날 사람들에게 영향을 미치는 것은 이것들보다 훨씬 많다.

당신은 어떤가? 정말 그 어떤 것에도 영향을 받지 않고, 그 누구의 말도 듣지 않은 채, 오롯이 혼자 모든 걸 결정해 왔다고 생각하는가? 그런 건 존재하지 않는다. 학교부터 전공과 진로, 회사, 연인, 배우자 등 우리가 지금까지 선택한 것들에는 수많은 주변의 영향력이 있었고, 우리는 그것들에 귀를 기울이고 따르며 지금까지 살아왔다. 심지어 누군가가 당신을 향해 "인생은 온전히 당신 겁니다. 그러니 그 누구의 말도 신경 쓰지 말고 하고 싶은 대로 마음껏 사세요"라고 말할 때 그것에 동의하는 순간, 이미 영향력을 받고 있는 것이다.

이게 예수님이 하나님을 떠난 사람들을 향해 '죄의 종'이라고 말씀하신 이유다. 예수님은 하나님을 떠난 순간, 우리가 다른 무엇인가의 노예가 되어 그것에 영향을 받고 다른 것을 좇으며 살 수밖에 없다는 걸 아셨다. 하지만 그럼에도 사람들은 자신들이 이미 무엇인가에 영향을 받고 있다는 사실조차도 알지 못하고 있었다. 이런 사람들을 향해 예수님은 말씀하신다.

진리가 너희를 자유롭게 할 것이다(요 8:32).

당신은 지금껏 단 한 번도
그 어떤 것의 영향도 받지 않고 살아왔는가?

예수가 어떻게
자유를
주신단 말인가?

•
•
•

노예처럼 살아가는 사람들에게 예수님이 주신 "진리가 너희를 자유롭게 할 것이다"(요 8:32)라는 말씀은 단순히 특별한 지식이나 세상의 원리를 깨달으면 자유를 얻을 수 있다는 의미가 아니다. 예수님이 말씀하신 우리를 자유롭게 하는 '진리'는 곧 예수님 자신을 뜻한다. 예수님은 다름 아닌 바로 자신이 진리 그 자체라고 말씀하셨다.

나는 길이요, 진리요, 생명이니 … (요 14:6).

"진리가 너희를 자유롭게 할 것이다"라는 예수님의 말씀은 예수님이 우리를 자유하게 하신다는 뜻이다. 그래서 요한복음 8장 36절에서 예수님은 이를 더 직접적으로, "아들이 너희를 자유롭게 할 것이다"라고 말씀하셨다.

그런데 여기서 우리는 이런 질문을 던질 수밖에 없다. "도대체 예수가 누구이기에 나를 자유롭게 할 수 있다는 거지? 그리스도인이 된다면 오히려 하면 안 되는 것들이 더 많아지고, 삶의 제약과 규칙, 그리고 종교적인 지침들이 생길 텐데 어떻게 자유를 얻을 수 있다는 거야?"

예수님이 말씀하신 자유가 무엇인지 알기 위해선 먼저 예수님이 누구신지에 대해 알아야 한다. 역사 속에서 예수님을 경험하고 목격한 사람들은 모두 예수님을 '하나님의 아들'로 고백하고 믿었다. 그리고 이 고백을 따라 지금도 그리스도인들은 예수님을 하나님의 아들로 고백하고 믿는다.

그런데 기독교에서 하나님의 아들이라고 고백하고 믿는 예수는 2천 년 전 십자가에 못 박혀 죽으신 예수다. 조금만 생각해 보면 이건 굉장히 낯설고 이상하다. 어떻게 십자가에 못 박혀 죽은 사람을 하나님의 아들이라고 믿을 수 있을까? 그리고 예수가 정말 하나님의 아들이시라면 그분은 왜 무기력하게 십자가에서 죽으셔야만 했을까?

앞서 성경이 말하는 죄는 하나님의 영향력에서 벗어나 다른 것들의 영향력 아래로 들어간 것이라고 했다. 이런 면에서 죄는 반역과 비슷하다. 우리는 모두 세상과 나를 만드신 하나님을 배신하고 반역을 꾀했다. 하지만 하나님을 배신한 사람들에게 찾아온 것은 내 마음껏 살아가는 자유가 아니라, 다른 것들의 영향을 받으며 그 아래에서 살아가는 노예의 삶이었다.

심지어 하나님이 아닌 다른 것들의 영향력 아래에서 살아가는 삶은 고되고 힘든 삶이다. 신을 믿지 않고 종교가 없다고 해서 마냥 자유롭고 즐거운 삶을 살아가는 사람이 어디에 있는가. 굳이 종교가 없어도, 어떤 신을 믿지 않아도 삶은 그 자체로 힘들고 버겁다. 예수님은 이런 삶을 두고 이렇게 표현하셨다.

수고하고 무거운 짐을 진 모든 사람은 다 내게로 오라. 내가 너희를 쉬게 할 것이다(마 11:28).

오늘날 사람들은 모두 저마다의 짐을 지고 살아간다. 그런데 그들은 이미 어느 정도 자신이 지고 있는 짐이 무겁고 힘들다는 것을 안다. 하지만 그럼에도 그것을 내려놓으려 하지는 않는다. 내려놓는 방법을 몰라서가 아니라 내가 지고 있는 짐을 내려놓는 순간, 내 삶의 의미와 가치가 사라질까 두렵기 때문이다.

돈, 재물, 권력, 명예, 미모와 몸매, 지성 등을 통해 삶의 의미와 가치를 찾으려는 사람들은 그것들을 추구하는 삶이 힘들고 무겁다는 것을 잘 알지만 그것들을 포기하는 순간, 나는 더 이상 아무것도 아닌 게 될까 봐 내려놓지 못한다. 팀 켈러는 이 모습을 두고 다음과 같이 말했다.

삶의 의미와 만족을 어디에서 얻든 당신은 그것을 숭배한다. 스스로 인정하지 않더라도 말이다. 당신이 그것을 위해 산다면, 단순히 추구하는 게 아니라 반드시 그것을 손에 넣어야 한다. 그렇지 않으면 삶의 목적을 잃는다. 뭔가가 그것을 위협하면 당신은 걷잡을 수 없는 불안이나 분노에 휩싸인다. 뭔가가 그것을 앗아 가면 아예 삶의 의지를 잃을 수 있다. 그것을 성취하지 못하면 끝없는 자기혐오에 빠질 수 있다. '산 채로 집어삼켜 버린다'라는 말은 그래서 나왔다. 다시 말해서 당신은 그

것의 노예다. 인간은 뭔가에 자신을 내주어야만 하며, 그렇지 않으면 삶이 무의미해진다.[4]

권투 영화 "록키"에서 권투 시합 도중 온몸이 만신창이 가 되어 곧 죽을 것 같은 록키를 향해 그의 애인은 "꼭 이렇게까지 해야 해? 당신 이러다 죽을 수도 있어. 당신 은 이미 할 만큼 했어"라고 외친다. 록키는 다시 경기를 알리는 종소리와 함께 링으로 돌아가며 대답한다. "오 직 링 안에 있을 때만 내가 존재하는 이유를 느낄 수 있어."

온몸이 상처투성이가 된 상태에서도 존재의 이유를 확인하기 위해 링으로 들어가는 록키의 모습에서 우리 는 오늘날 수고하고 무거운 짐을 지고 살아가는 사람들 의 모습을 보게 된다. 사람들은 각자의 링 위에서 만신 창이가 되어 죽어 가면서도, 그곳에 있을 때 자신의 존 재 가치와 의미를 느낄 수 있기에 다시 그곳을 향해 달 려간다.

성경은 바로 이런 삶이야말로 죽음이라고 말한다. 성 경이 말하는 죽음은 어떤 만화에 나오는 저주 같은 이 야기가 아니다. 하나님의 자리를 다른 것으로 메꾸기 위 해 온몸이 만신창이가 되어 가면서도 수고하고 무거운

짐을 내려놓지 못하고 살아가는 우리의 삶 자체가 죽음
이다.

현재 내가 지고 있는

수고하고 무거운 짐은 무엇인가?

그런 것들 없이 내 존재의 이유를

어디서 찾을 수 있는가?

사랑 안에
자유가
있다

•
•
•

자유도 마찬가지다. 사람들은 자신이 자유롭다고 생각
하면서도 정작 완전히 만족할 만큼의 자유를 누리진 못
한다. 그래서 다른 것들을 통해 더 확실한 자유를 얻고
싶어 한다. 그러나 자유롭기 위해 발버둥 칠수록 우리는
오히려 자유를 잃어 간다. 돈이 자유를 준다고 생각하
는 사람들은 더 많은 돈을 얻기 위해 자유를 잃고, 더
나은 직장이 자유를 준다고 생각하는 사람들은 이직을
위해 자유를 잃으며, 주식과 비트코인이 터지면 자유를

얻을 수 있다고 생각하는 사람들은 스마트폰 화면에서 자유롭지 못하다.

이처럼 세상에서 우리가 무엇인가를 얻기 위해선 반드시 나를 희생해야만 한다. 왜 예수님이 우리를 노예라고 하셨는지 알겠는가? 노예의 특징은 주인을 위해 나를 희생하는 것에 있다. 그렇다면 우리는 분명 무엇인가의 노예로 살고 있다. "이것만 있으면 더 자유로운 인생을 살 수 있을 거야!"라고 외치며 그것을 주인으로 두고 나를 희생한다. 여기서 벗어날 수 있는 방법은 하나밖에 없다. 다시 하나님께로 돌아가 하나님의 영향력 아래로 들어가는 것이다.

예수님이 수고하고 무거운 짐을 지고 살아가는 사람들을 향해 "내게로 오라"고 말씀하신 이유가 여기에 있다. 그분은 하나님을 떠나 다른 무엇인가를 주인으로 둔 채 수고하고 무거운 짐을 지고 살아가는 우리에게 참된 쉼과 자유를 주기 위해 오신 하나님이시다.

성경은 예수님이 우리를 위해 죽으셨다고 할 때 '몸값을 지불하셨다'라는 표현을 사용한다. 예수님 당시에 노예가 자유인으로 풀려나기 위해선 그를 대신해 다른 누군가가 몸값을 지불해야 했다. 그게 아니면 노예는 죽은 후에야 자유를 얻을 수 있었다. 성경은 예수님이 세상에서 무엇인가의 노예가 되어 죽어 가고 있는 우리를 구원하기 위해 몸값으로 자신의 목숨을 지불하셨다고 말한다.

예수님은 삶의 의미와 가치를 찾기 위해 세상의 링 안에서 자유를 잃은 채 죽어 가는 우리를 구원하기 위해 죽음의 링 안으로 직접 뛰어드셨다. 그러시곤 우리가 그곳에서 당해야 했던 온갖 수치와 매질과 폭력과 인격적 모독과 비방과 죽임을 당하셨다. 예수님이 이렇게 하신 이유는 오직 하나였다. 우리를 너무나 사랑하셨기 때문이다.

예수님이 자신만이 우리에게 참된 자유를 줄 수 있다고 말씀하신 이유가 여기에 있다. 참된 자유는 나를 위해 자신을 온전히 헌신하고 희생하는 사랑 안에서 주어진다. 비록 우리가 완벽하지는 않지만 지금 나름의 자유를 경험할 수 있는 이유도 마찬가지다.

"세상에서 가장 어려운 직업"이라는 제목의 유튜브 영상을 보면, 참가자들은 직장을 구하기 위해 회사 인사 담당자와 인터뷰를 한다. 그런데 담당자는 참가자들에게 터무니없는 조건을 요구한다. 일주일 내내 쉬는 날 없이 일해야 하고, 24시간 가까이 거의 온종일 서 있어야 하며, 쉬는 시간은 잠시도 없고, 잠도 제대로 잘 수 없는 직업. 마지막으로, 심지어 그 어떤 급여도 없다고 말하자 사람들은 하나같이 그건 부당하고 미친 짓이라고 외치며 그런 일을 하는 사람이 과연 있냐고 묻는다. 그리고 이 질문에 인사 담당자는 답한다. 존재한다고. 그것도 아주 많이. 바로 엄마.

자신의 자유를 포기하며 우리를 위해 수많은 시간을 헌신하고 희생한 부모의 사랑이 없었다면 우리는 결코 지금의 자유를 누릴 수 없었을 것이다. 헌신적인 사랑 안에서 우리는 자유를 누릴 수 있다. 만약 헌신하지 않고 희생하지 않으면서 사랑한다고 한다면 그 사랑은 거짓말이다.

그런데 사랑의 관계에서 한쪽이 다른 한쪽에게 돌이킬 수 없는 심각한 피해와 상처를 입혔다면 이 사랑을 회복하기 위해 헌신과 희생은 더욱 필요하다. 상처와 피해를 준 상대방을 그냥 용서한다고 해서 아무런 희생과 대가가 없는 것이 아니다. 용서한 사람이 모든 희생과 대가를 감수한 것이다.

성경은 우리가 하나님께 심각한 피해를 입혔다고 말한다. 우리를 창조하신 하나님은 우리와 깊은 사랑의 관계를 맺기 원하셨지만, 정작 우리는 하나님을 떠나 그분을 업신여기고 상처 주며 관계를 망가뜨렸다. 그러곤 하나님이 아닌 다른 것에서 사랑받기 위해 발버둥 치며 무엇인가의 노예가 되어 살았다. 그러나 하나님은 자신을 떠나 세상의 노예가 된 우리와 다시 관계를 회복하기 원하셨고, 우리를 대신해 자신의 아들을 죽음의 노예가 되게 하셨다. 그리고 이를 통해 하나님이 얼마나 우리를 사랑하는지를 보여 주셨다.

만약 십자가가 없었다면 하나님이 나를 사랑하신다는 말은 추상적인 느낌에 불과할 것이다. 하지만 십자가는 하나님의 사랑이 단순히 추상적인 느낌이 아니라, 분명한 사실이라는 것을 보여 준다. 세상을 창조하신 하나님이 자신에게 상처와 피해를 입힌 죄인을 위해서 인간이되어 심판받고 죽으셨다면 이 사랑은 결코 추상적인 느낌이 아니라, 구체적인 사랑이고 분명한 실제다.

수고하고 무거운 짐을 지고 살아가는 우리가 예수님께 나아가야 하는 이유가 바로 여기에 있다. 예수님께 나아갈 때 비로소 우리는 그분의 사랑 안에서 내가 얼마나 가치 있고 소중하며 의미 있는 존재인지를 알게 된다. 그리고 이 사실을 깨달을 때 우리는 세상의 링 안에서 치열하게 살며 나의 의미와 가치를 찾으려 하지 않게된다. 더 이상 그럴 필요가 없기 때문이다. 오직 하나님의 사랑 안에서 나의 참된 가치와 의미를 발견한 사람만

이 비로소 세상의 수고하고 무거운 짐을 내려놓을 수 있게 된다.

당신은 나를 위해 모든 것을
희생하고 헌신하는 사랑 안에서 누리는
자유를 경험한 적이 있는가?

당신에겐 지금 그런 사랑이 있는가?

자유를 찾을 준비가 되었는가?

•
•
•

하나님을 떠난 우리에게 세상이라는 주인은 항상 무엇인가를 요구한다. "네가 원하는 것을 줄 테니 너의 시간을 바쳐라. 나에게 헌신해라. 너의 건강을 내어놓아라. 네가 소중하게 여기는 사람과의 관계를 희생해라" 한다. 물론 우리의 주인이신 하나님도 우리에게 요구를 하신다. 하지만 하나님의 요구는 세상과는 다르다. 그분은 이렇게 말씀하신다.

내가 네게 명령하는 일은 본래 네가 행하도록 창조된 일뿐이다. 그래서 알고 보면 내 멍에는 쉽다. 나를 따르는 짐을 네게 지운다만 내가 이미 대가를 치렀으니 너는 실패해도 용서받는다. 내가 네게서 남들에게 있는 짐을 벗겼다. 네 수고와 노력으로 스스로 구원을 얻어 내야 할 짐을 벗겼다. 과거의 실패에 대한 죄책감이나 수치심의 짐도 벗겼다. 사랑받을 자격이 있음을 입증해야 할 짐도 벗겼다. 그러므로 나를 만나면 만족을 얻고, 나를 실망시켜도 용서받는다. 그런 주인과 상전은 나뿐이다.[5]

예수님이 말씀하신 자유는 그 어떤 것에도 영향을 받지 않고, 내가 하고 싶은 대로, 내가 원하는 것을, 마음껏 하는 자유가 아니었다. 우리는 그런 자유를 누릴 능력이 없다. 우리는 반드시 무엇인가에 영향을 받을 수밖에 없는 존재다.

그렇다면 우리는 자유에 대해 다시 생각해야 한다. "어떻게 하면 그 무엇에도 영향을 받지 않고 내 마음대로 살 수 있는가?"를 묻는 게 아니라, "어떤 것이 나로 하여금 진정 올바른 삶을 살게 만들고, 선한 영향력을 주며, 나만의 삶을 살게 해 주는가? 어떤 주인 아래에 있을 때 내가 진정한 평안을 얻을 수 있는가?"를 우리는 물어야 한다.

하나님은 우리를 위해 자신의 하나밖에 없는 아들까지도 아낌없이 내어 주신 사랑의 주인이시다. 우리를 착취하고 희생시키는 주인이 아니라, 우리를 아끼고 돌보며 우리에게 가장 알맞은 것을 주기 원하시는 주인이다. 그분은 우리에게 가장 필요한 것이 무엇인지를 가장 잘 아시고, 우리가 어떻게 살 때 행복한지를 알려 주시는 주인이다. 심지어 하나님은 우리를 대신해 직접 노예가 되는 것도 마다하지 않으시는 주인이다.

성경은 진짜 자유는 이 하나님을 나의 주인으로 두고 그분의 사랑 안에 거할 때 가능하다고 말한다. 그리고 예수님은 우리를 향한 하나님의 사랑이 추상적인 이야기가 아니라, 진짜 살아 있는 실제라는 것을 보여 주기 위해 오신 하나님의 아들이시다.

아들이 너희를 자유롭게 하면 너희는 참으로 자유롭게 될 것이다(요 8:36).

아, 자유롭고 싶다!

어디서, 어떻게, 무엇으로

그토록 바라던 자유가 찾아오는가?

진정한 자유를 찾고 있는가?

아무리 자유를 찾아 헤매도
자유는커녕
더욱 큰 좌절만 경험하고 있진 않는가?

수고하고 무거운 인생의 짐을 진 당신,
예수님께로 나아가라.

예수님은 종을 위해
자신의 목숨을 아낌없이 내놓은
사랑의 주인이시다.

하나님과 그분의 아들이신 예수님의 사랑 안에
당신이 그토록 찾던 진짜 자유가 있다.

Part 4

사랑,
나만 어려운가요
???

사람들은 사랑을 하면서도
내가 원하는 만큼의 사랑을
받지 못해 목말라하고,
나를 사랑하려 하지만
그럴 수 없는 한계에 목말라한다.

내가 아니면
누가 나를 사랑하겠어요.
하지만…

-
-
-

할리우드의 유명 여배우인 스칼렛 요한슨(Scarlett Johansson)
은 인스타그램에 자신의 맨얼굴 사진과 함께 이런 글을
올렸다.

메이크업과 빛나는 옷, 화려함을 거두고 나면 남는 건 평범한
소녀가 우연히 특별한 일을 하게 됐다는 사실뿐입니다. 연예인
을 따라 하고 그들처럼 되고 싶어 하는 여성들을 많이 봅니다.
그들은 완벽해지고 싶어 합니다. 완벽한 몸과 완벽한 피부 톤을

가지려고 하지요. 하지만 그들은 모르는 게 있습니다. 그들이 되고 싶어 하는 외모의 이면에는 많은 디자이너와 메이크업 전문가, 포토샵 가공과 동영상 편집 기술이 있다는 걸 말입니다. 그들은 아름다움을 잘못 이해하고 있습니다.

내가 남들에게 어떻게 보일지만 신경 쓰면서 찾는 아름다움은 그리 좋은 게 아닙니다. 당신은 아무것도 신경 쓰지 않아야 합니다. 실제의 당신을 사랑하세요. 그러면 화장 없이도 거울을 볼 수 있고, 불완전한 자신을 기뻐할 수 있습니다. 자기가 자신을 사랑하지 않으면 누가 당신을 사랑하겠어요. 세상이 원하는 당신이 아니라 있는 그대로의 자신을 사랑하는 법을 배워봅시다.

스칼렛 요한슨의 글은 많은 사람에게 감동을 주었고, 한동안 SNS에선 그녀를 따라 '나 자신을 있는 그대로 사랑하자'라는 해시태그와 함께 자신의 맨얼굴 사진을 올리는 게 유행했다.

하지만 지금은 어떨까? 당당하게 자신의 맨얼굴을 올리며 "나 자신을 사랑하자!"고 외치던 사람들은 몇 달도 아니고, 불과 며칠 사이에 다시 제자리로 돌아왔다. 그리고 사람들은 다시 자신을 있는 힘껏 꾸미고 치장하며 맨얼굴을 감추고, 화려해 보이는 다른 누군가를 따라 하기 시작했다.

비록 잠시였지만 "나 자신을 있는 그대로 사랑하자"는 스칼렛 요한슨의 말에 많은 사람이 위로를 받으며 공감한 모습에서 우리는 한 가지를 알 수 있다. 생각보다 많은 사람이 자신을 있는 그대로 사랑하지 못한다는 사실이다. 이상하지 않은가?

"자기가 자신을 사랑하지 않으면 누가 당신을 사랑하겠어요"라는 그녀의 말처럼, 내가 나를 사랑하는 것은 지극히 당연한 말 같지만, 정작 이 당연한 말을 실천하기란 쉽지 않다. 아무리 '나는 소중해. 나는 나를 사랑해'라고 스스로 되뇌어도 막상 거울을 보면 사랑스럽지 않은 모습이 먼저 눈에 들어온다. 그래서일까? 때로는 "나를 사랑하세요!"라는 외침이 더 큰 상처를 주기도 한다. 나를 사랑해야 한다는 걸 머리론 알지만 정작 마음대로 되지 않을 때 우리는 나도 사랑하지 못하는 자신에게 더 실망한다.

누가 나를 사랑할 수 있다 했어?
거짓말 치지 마. 재수 없어 당신.
– 노래 "불협화음" 중에서

나를 사랑하기 어려운 사람들은 자신의 부족한 모습을 가리기 위해 더욱 화려하게 치장한다. 단순히 외모뿐만이 아니다. 어떤 이들은 뛰어난 직업으로, 높은 연봉으로, 좋은 학교로, 유명한 직장으로, 예쁘고 멋있는 연인, 혹은 좋은 조건을 가진 배우자로, 자녀의 성공 등으로.

사람들은 모두 무엇인가로 자신을 포장하고 그 속에 나를 감추려 한다. 그러면서 한편으론 포장 속에 감추어져 있는 나의 민낯이 드러나진 않을까 두려워한다. 그래서 민낯이 쉽게 드러나지 않도록 다른 것들로 더욱 겹겹이 자신을 포장하려 애쓴다. 이렇듯 오늘날 사람들에게 "나를 사랑해야 한다"는 말은 당연한 말 같지만 사실은 당연하지 않다.

당신은 나 자신을 있는 그대로 잘 사랑하고 있는가?
나를 사랑하는 날보다 실망하는 날이 더 많진 않은가?
우리는 어쩌면 나를 사랑하는 법을 잃어버렸을지 모른다.

사랑하는 법을
잃어버린
사람들

∙
∙
∙

나를 온전히 사랑하지 못하는 사람들은 나 대신 나를 사랑해 줄 누군가를 찾아 헤매기 시작했다. 솔직히 우리가 사랑을 꿈꾸는 이유가 무엇인가? 정말 다른 누군가를 있는 그대로 사랑하기 위해서 사랑을 하고 싶은가? 사람들이 흔히 말하는 "사랑하고 싶다"는 말은 사실 "사랑받고 싶다"는 말이다. 결국 우리가 사랑을 원하는 이유는 사랑을 하기 위해서가 아니라, 사랑받기 위해서다.

하지만 나도 있는 그대로 사랑할 수 없는 서로가 다른 사람을 있는 그대로 사랑한다는 것은 불가능에 가깝다. 처음 사랑이 불타오를 땐 상대방을 위해 모든 걸 줄 수 있을 것 같고, 그 어떤 일도 할 수 있을 것 같다. 하지만 시간이 흐를수록 내가 손해 보는 것 같은 아쉬움이 들기 시작한다. '나는 너를 위해 이렇게까지 하는데 너는 왜 나에게 그렇게 해 주지 않는 거야?'라는 서운함과 함께 '나도 사랑받고 싶은 건 마찬가지야'라는 마음이 든다.

그렇게 한때는 진정한 사랑인 줄 알았던 연인과 부부 사이는 어느새 '이 사람도 아니었어…'라는 사랑의 실패와 좌절감으로 바뀌기 시작한다. 그래서 어떤 사람들은 평생 사랑 같은 건 하지 않겠다고 결심하기도 한다. 굳이 사랑 따위 하지 않아도 스칼렛 요한슨의 말처럼 내가 나를 사랑한다면 그것으로 충분하다고 말한다.

하지만 사랑은 스스로 만들어 낼 수 없다. 만약 부모가 아이를 향해 "너 스스로를 사랑하렴. 굳이 우리의 사랑에 의지할 필요 없단다. 사랑은 너 혼자 하는 거야"라고 말한다고 해 보자. 이 아이는 정말 부모의 사랑 없이 혼자의 힘으로 사랑을 알고 자신을 건강하게 사랑할 수 있을까? 불가능하다. 사랑을 알기 위해선 먼저 사랑받아야만 한다.

결국 관계 속에서 사랑받지 못한 채 혼자서 나를 사랑한다는 건 한계가 존재한다. 그래서일까? 사랑받지 못한 채 오랜 시간을 살아온 사람들의 삶은 어딘가 쓸쓸하고 공허하며 외롭다. 겉으로 볼 땐 독립적이고 멋있으며 자유로울지 몰라도, 깊은 곳 안에서는 사랑을 향한 갈증에 목말라한다. 이처럼 사람들은 사랑을 하면서도 내가 원하는 만큼의 사랑을 받지 못해 목말라하고, 나를 사랑하려 하지만 그럴 수 없는 한계에 목말라한다.

우리는 모두 사랑이 중요하다는 것을 안다. 세상에서 유행하는 수많은 노래만 봐도 우리에게 사랑이 얼마나 중요한지를 알 수 있다. 사랑에 빠진 사람도 사랑을 노래하고, 사랑에 실패한 사람도 사랑을 노래한다. 왜 사람들은 이렇게도 사랑을 노래할까? 그만큼 사랑이 중요하기 때문이다. 누군가와 깊은 사랑에 빠질 때 우리는 그 무엇으로도 표현할 수 없는 감격과 기쁨을 누린다. 사랑하는 그 순간, 우리는 마치 시간이 멈춘 것 같은 경험을 한다. 사랑은 사람들로 하여금 인생을 아름답게 살아갈 수 있게 해 주는 힘이다.

그런데 많은 사람이 사랑에 실패하고, 사랑에 상처 입으며, 점차 사랑을 잃어 간다. 한때는 영원할 것 같았던 사랑의 한계를 경험한다. 그렇게 누군가는 다시 새로운 사랑을 찾아 헤매고, 누군가는 다시는 사랑 따윈 하지 않겠다고 선언하기도 한다. 또 누군가는 내가 나를 사랑하면 그만이라고 말한다. 하지만 나 혼자 하는 사랑은 어딘가 허전하고 외롭다. 우리는 모두 사랑을 잃었다.

도대체 우리는 어쩌다 사랑을 잃었을까?

그리고 사랑을 잃었음에도

왜 우리는 다시 사랑을 갈망하고 원할까?

왜 다른 사람의 사랑이 없다면 나라도 나를 사랑해야 할까?

사랑을
어디서
찾을 수 있는가?

•

•

•

사랑을 잃어버린 사람들을 향해 성경은 말한다.

사랑하는 여러분, 우리가 서로 사랑합시다. 사랑은 하나님에
게서 난 것이기 때문입니다. 사랑하는 사람은 누구나 다 하나
님께로부터 났고 하나님을 압니다. 사랑하지 않는 사람은 하
나님을 알지 못합니다. 하나님은 사랑이시기 때문입니다(요일
4:7-8).

성경은 사랑하는 사람은 하나님을 알 수 있고, 사랑하지 않는 사람은 하나님을 알 수 없다고 말한다. 이 말은 바꿔서 말하면, 하나님을 아는 사람은 비로소 제대로 된 사랑을 할 수 있다는 말과 같다. 왜냐하면 하나님이 곧 사랑이시기 때문이다.

하나님이 사랑이시라는 말은 단순히 하나님이 사랑에 대해서 조금 더 잘 아시고 사랑을 잘하시는 분이라는 의미가 아니다. "하나님은 사랑이십니다"라는 말은 하나님이 사랑 그 자체시라는 걸 뜻한다. 하나님이 사랑의 모든 것이시며 사랑의 시작과 끝이시다. 사랑이 곧 하나님께로부터 나왔다.

세상의 그 어떤 종교도 신이 사랑 그 자체라고 말하지 않는다. 오직 하나님만이 자신을 사랑이라고 말씀하신다. 그렇다면 우리는 당연히 사랑 그 자체이신 하나님을 통해서만 진정한 사랑을 경험할 수 있고, 진짜 사랑이 무엇인지 알 수 있다. 반대로, 하나님이 없을 때 우리는 진정한 사랑이 무엇인지 알지 못하고, 참된 사랑을 경험하지 못한 채 사랑을 찾아 헤매며 목말라한다.

오늘날 사람들이 사랑을 잃어버린 이유가 여기에 있다. 성경은 하나님이 인간을 종으로 부리기 위해 창조하신 것이 아니라, 하나님의 무한한 사랑을 받고 누리며 그 사랑을 나누기 위해 창조하셨다고 말한다. 오직 인간만이 하나님의 사랑을 받고 나누며 누릴 수 있는 존재로 만들어졌다. 이것이 사람이라면 누구나 사랑을 찾고 갈망하며, 사랑이 없이는 건강한 삶을 살 수 없는 이유다.

하나님은 사람의 마음속에 거대한 사랑 탱크를 주셨다. 하지만 인간은 하나님 없이도 스스로의 힘으로 얼마든지 사랑받고, 사랑을 누리며, 사랑할 수 있다고 선언했다. 그러나 하나님의 사랑을 떠난 인간의 마음은 그 무엇으로도 채워질 수 없었다. 결국 하나님을 떠난 인간은 자신조차도 제대로 사랑하지 못한 채 서로가 끊임없이 내가 더 사랑받기만을 원하다 사랑에 상처받고 배신당하며 진정한 사랑을 목말라하게 되었다. 오늘날 사람들이 진정한 사랑을 경험하지 못하는 이유가 여기에 있다.

하나님을 떠난 사람들은 진정한 사랑을 잃은 채 내 마음대로 사랑하기 시작했다. 하지만 사랑의 하나님을 떠나 내 마음대로 하는 사랑은 유사 사랑은 될 수 있어도, 진짜 사랑은 될 수 없었다.

한 번이라도 사랑을 해 본 사람이라면 사랑하는 게 결코 쉽지 않다는 걸 안다. 한때는 모든 걸 바쳐 사랑하겠다고 다짐했던 사람을 사랑하는 일조차 쉽지 않다. 사랑을 할 때 우리는 오히려 내게 진정한 사랑을 할 수 있는 능력이 없다는 사실을 경험한다. 평생을 사랑하겠다고 약속한 부부조차도 완전한 사랑을 하기란 불가능에 가깝다.

그런데 정작 나는 그런 사랑을 받기 원한다. 내가 누군가를 완전히 사랑하는 건 어려운 일일지 몰라도, 누군가가 나에겐 그런 사랑을 해 주길 원한다. 결국 이 모순 속에서 우리는 참된 사랑을 경험하지 못한다. 그렇게 사랑이신 하나님을 떠난 인간은 끊임없이 채워지지 않는 사랑을 갈망하며 한계에 갇힌 채 진정한 사랑을 찾아 헤맨다.

사랑이 뭘까. 난 그게 참 궁금해.
사랑하면서 난 또 외롭다.
사는 게 뭘까. 왜 이렇게 외롭니.
또다시 사랑에 아프고 싶다.
– 노래 "사랑에 빠지고 싶다" 중에서

사랑이
여기 있다!

·
·
·

진정한 사랑을 찾아 헤매는 사람들을 향해 성경은 사랑
이 여기 있다고 말한다.

> 사랑은 여기에 있습니다. 곧 우리가 하나님을 사랑한 것이 아
> 니라 하나님께서 우리를 사랑하셔서 우리 죄를 위해 그분의
> 아들을 화목 제물로 보내 주셨습니다(요일 4:10).

"사랑은 여기 있다"고 말하는 것은 "사랑은 이것이다"

라고 말하는 것과 완전히 다르다. 예를 들어, 커피 중에서 희귀하고 비싼 루왁커피에 대해 말한다고 해 보자. 이 때 한 사람은 자신이 알고 있는 루왁커피에 대해 말한다. 커피의 원두는 무엇으로 만들어졌고, 어떻게 생산되며, 어디에서 수확된 커피가 맛있는지 등 자신이 알고 있는 모든 정보를 줄줄이 나열한다. 그런데 이때 한 사람이 루왁커피를 들고 와서 말한다. "그거 여기 있는데?"

여기서 "그거 여기 있는데?"라는 말은 루왁커피가 궁금하면 직접 마셔 보라는 뜻이다. 성경이 "사랑은 이것이다"라고 정의내리지 않고 "사랑은 여기 있다"라고 말하는 이유도 마찬가지다. 성경은 사랑이 무엇인지 구구절절 설명하기보다 당당하게 말한다.

여러분이 그동안 찾아 헤매며 갈망하던 사랑이 바로 여기에 있습니다. 그러니 그토록 찾던 진정한 사랑을 경험하고 알기 원한다면 하나님께 오시면 됩니다. 이제 여러분은 그분 안에서 얼마든지 진짜 사랑을 경험하고 맛보며 누릴 수 있습니다.

성경이 말하는 사랑은 추상적인 개념이나 정의가 아니다. 성경이 말하는 사랑은 우리가 이미 받았고, 지금도 받고 있는 구체적이고 실제적인 사랑이다. 내가 하나님

께 어떤 사랑을 받았고, 지금도 얼마나 놀라운 사랑을
받고 있는지 알 때 우리는 비로소 사랑의 목마름에서
벗어난다. 그리고 하나님의 진정한 사랑을 경험할 때 우
리는 나를 제대로 사랑할 수 있을 뿐 아니라 다른 사람
과도 건강한 사랑을 할 수 있다.

그렇다면 도대체 우리가 받은 사랑은 어떤 사랑일까?
성경은 우리가 하나님께 무조건적인 사랑을 받았다고
말한다.

… 곧 우리가 하나님을 사랑한 것이 아니라 하나님께서 우리
를 사랑하셔서(요일 4:10).

사람들은 누군가를 완전히 무조건적으로 사랑하는 건
불가능한 일이라고 생각하면서도, 나는 그런 사랑을 받
기 원한다. 물론 부모를 통해 우리는 무조건적인 사랑을
조금씩은 경험한다. 하지만 잘 알듯이 부모의 사랑도 완
벽하진 않다. 부모는 무조건적인 사랑에 가장 비슷한 사
랑을 주긴 하지만 그것도 완전한 사랑은 아니다.

그런데 이런 한계 속에서도 사람들은 여전히 '이런 나
를 있는 그대로 사랑해 줄' 사랑을 갈망한다. 내가 어떤
모습을 하든, 어떤 약점이 있든, 얼마나 부족하든 그것

과 상관없이 나를 사랑해 줄 사랑. 나를 포장하고 있던 것들을 다 벗어 던진 채 보잘것없고 초라한 나의 민낯까지도 사랑해 주는 사랑. 아무리 내가 상처를 주고 잘못해도 몇 번이고 다시 용서하고 사랑해 줄 수 있는 사랑.

'나를 있는 그대로 사랑해 주는 사랑'은 무조건적인 사랑을 향한 우리의 갈망이다. 성경은 놀랍게도 하나님이 우리에게 그런 사랑을 주셨다고 말한다. 하나님이 우리에게 주신 사랑은 나를 있는 그대로 완전히 받아 주시고 사랑하신 무조건적인 사랑이다. 하나님은 어떤 대가를 바라고 우리를 사랑하지 않으셨다. 하나님은 우리에게 사랑을 기대하며 사랑하지 않으셨다.

비록 우리가 하나님을 떠나 그분을 업신여기며 심각한 상처를 주고 살았음에도 불구하고 하나님은 그런 우리조차도 여전히 사랑하셨다. 우리를 향한 하나님의 사랑은 언제나 동일하고 변함없었다. 그분은 우리가 그토록 찾고 원하던 '이런 나조차도 있는 그대로 사랑해 주는' 무조건적인 사랑을 주셨다.

사랑은
잘못을 바로잡기
원한다

•
•
•

나를 향한 하나님의 무조건적인 사랑은 하나님이 우리의 잘못과 죄까지도 전부 사랑하신다는 말은 아니다. 부모는 자신의 자녀를 사랑하지만, 그렇다고 자녀의 잘못까지도 사랑하진 않는다. 오히려 자녀를 사랑하기에 잘못된 것을 바로잡고 고치길 원한다. 이게 사랑의 특징이다.

무조건적인 사랑은 잘못된 행동과 모습에도 불구하고 그 사람을 사랑하는 것이지, 그 사람의 잘못된 행동과 모습까지 사랑하는 건 아니다. 오히려 사랑하기에 우리는 상대방의 잘못과 왜곡된 모습을 바로잡고자 한다. 이게 진실한 사랑이다. C. S. 루이스(C. S. Lewis)는 이런 사랑의 특징을 다음과 같이 말한다.

어떤 여자를 사랑하게 되었을 때 그가 깨끗하든 아름답든 추하든 신경 쓰지 않게 됩니까? 오히려 그제야 비로소 그런 점들에 신경 쓰게 되지 않습니까? 사랑은 모든 허물을 용서해 줄 수 있고 모든 허물에도 불구하고 여전히 사랑할 수 있지만, 그 허물을 없애 주겠다는 결심을 접지는 않습니다. 사랑은 미움보다 더 예민하게 연인의 모든 힘을 감지합니다. 사랑의 감각은 달팽이의 촉수보다 더 부드럽고 예민합니다. 사랑은 어떤 힘보다 더 허물을 용서하면서도 더 허물을 묵과하지 않습니다. 사랑은 작은 것에 기뻐하면서도 모든 것을 요구합니다.[6]

C. S. 루이스의 말처럼, 누군가를 진실하게 사랑할 때 우리는 오히려 상대방의 잘못과 허물을 적극적으로 바로잡기 원한다. 하나님이 우리에게 주신 사랑도 마찬가지다. 하나님이 우리에게 주신 사랑은 우리의 잘못에도 모른 척하며 나 몰라라 하는 사랑이 아니라, 그것을 바로잡고 해결하는 사랑이다.

배우 오윤아 씨에겐 발달 장애를 가진 민이라는 아들이 있다. 종종 민이는 자신의 감정을 주체하지 못할 때가 있는데, 그럴 때면 자신과 주변 사람을 괴롭게 한다. 이때마다 엄마인 오윤아 씨는 아들의 행동을 가만히 지켜보고만 있지 않는다. 그녀는 아이가 잘못된 행동을 할 때면 혼내고 때론 달래기도 하며 조금씩 아이를 바꾸려 한다. 아이가 장애를 가지고 있기에 작은 행동 하나를 고치는 데 훨씬 더 많은 시간과 노력이 필요하지만, 그럼에도 포기하지 않는다. 아들을 진정으로 사랑하기에 잘못된 것을 바로잡기 위해 백 번이고, 천 번이고 다시 도전한다.

이게 무조건적인 사랑이다. 사랑하는 이의 잘못된 점을 바로잡기 위해 인내하고 노력하면서 끝까지 포기하지 않는 사랑 말이다.

성경은 하나님이 우리에게 주신 무조건적인 사랑이 이와 같다고 말한다. 하나님이 주신 사랑은 우리의 허물과 죄에도 불구하고 우리를 끝까지 포기하지 않으시고 반드시 회복시키고 고쳐 주시는 사랑이다. 성경은 이 사랑을 이렇게 표현한다.

… 하나님께서 우리를 사랑하셔서 우리 죄를 위해 그분의 아

들을 화목 제물로 보내 주셨습니다(요일 4:10).

하나님은 우리를 너무나 사랑하셨기에 우리의 허물과 잘못을 두고 보지 않으시고 반드시 해결하기를 원하셨다. 그래서 그분은 우리의 죄를 해결하기 위해 자신의 하나밖에 없는 아들인 예수님을 희생시키셨다.

여기서 우리가 받은 사랑의 또 다른 모습을 알 수 있다. 우리는 분명한 희생과 헌신이 있는 사랑을 받았다. 사랑은 반드시 희생과 헌신을 가지고 온다. 희생하지 않고 헌신하지 않으면서 누군가를 사랑한다는 말은 거짓말이다. 누군가를 사랑하는 순간, 우리는 반드시 내가 가지고 있는 무엇인가(돈, 시간, 관계 등)를 상대방에게 내어주어야 한다.

그런데 진정한 사랑을 잃어버린 사람들은 더 이상 누군가를 위해 나를 희생하고 헌신하려 하지 않는다. 상대방을 통해 나의 부족한 것을 채우려고 할 뿐 굳이 나를 희생하면서까지 사랑하려 하지 않는다. 오히려 누군가가 이렇게 사랑하면 사람들은 그 사람을 향해 "너 바보야?"라고 말한다.

그러나 희생은 없이 나에게 부족한 것을 채우고 받고자만 한다면 그것은 비즈니스일 뿐이다. 사랑이 비즈니

스가 된 순간, 우리는 손해 보지 않기 위해 끊임없이 머릿속으로 계산기를 두드려야 한다. 동시에 상대방에게 내가 원하는 무엇인가를 얻기 위해 계속해서 자신을 포장하고 꾸미며 마케팅을 해야만 한다.

그러나 사람들은 손해 보지 않기 위해 계산기를 두드리고 이것저것 따지는 사랑을 두고도 '진정한 사랑'이라 말하지 않는다. 적어도 우리가 진정한 사랑이라고 할 땐 사랑하는 사람을 위해 전적으로 희생하고 헌신하는 사랑을 의미한다. 그래서 여전히 사람들은 서로에게 모든 것을 헌신하며 희생하는 로맨스 영화에 감동하며 눈물 흘린다.

성경은 하나님이 우리에게 바로 이런 사랑을 주셨다고 말한다. 하나님은 저 멀리 하늘에서 그저 말로만 우리를 사랑한다고 하지 않으셨다. 그분은 우리를 위해 직접 이 땅에 내려와 자신의 모든 것을 다 바쳐 헌신하고 희생하셨다. 심지어 자신의 목숨조차도!

당신을 위해 모든 것을 아낌없이

헌신하고 희생하는 사랑의 존재가 있는가?

더 이상 계산기를 두드리거나 나를 꾸밀 필요 없는

그런 사랑이 당신에게 있는가?

피해자가
대가를
치르기로 했다

·
·
·

도대체 왜 하나님은 자신의 아들의 목숨까지 희생하셔
야 했을까? 사람들은 간혹 무엇인가를 바로잡기 위해선
대가가 따른다는 걸 쉽게 잊는다. 누군가가 어떤 잘못을
저질렀다면 그것을 바로잡기 위해선 반드시 대가가 필요
하다. 관계도 마찬가지다.

  만약 당신이 사랑하는 연인에게 심각한 잘못을 저질렀
다고 해 보자. 당신의 잘못 때문에 연인은 씻을 수 없는
상처를 받았다. 그럼에도 당신의 연인은 사랑하는 마음

으로 그 모든 것을 그냥 용서하고 넘어가기로 했다. 그렇다면 그 누구도 대가를 치르지 않은 걸까? 아니다. 당신을 그냥 용서해 주기로 한 순간, 상대방이 모든 대가와 책임을 지기로 결정한 것이다. 당신이 저지른 잘못에 대한 상처와 아픔, 배신과 쓰라림을 자신이 고스란히 안고 가기로 결정한 것이다. 이처럼 잘못된 무엇인가를 바로잡기 위해선 거기에 따른 대가가 반드시 필요하다.

예수님이 우리를 위해 희생하셔야만 했던 이유가 여기에 있다. 하나님은 우리가 하나님과 무한한 사랑의 관계를 나누도록 우리를 창조하셨지만 우리는 그분을 배신했고 심각한 상처를 안겨 드렸다. 하지만 하나님은 그럼에도 우리를 향한 사랑을 포기하지 않으셨다. 하나님은 자신을 떠나 진정한 사랑을 잃어버린 우리가 다시 하나님 안에서 진정한 사랑을 누리기 원하셨다. 그래서 하나님은 자신이 모든 대가를 치르기로 결정하시고 가해자인 우리에게 화해의 손길을 내미셨다. 그리고 말씀하셨다.

내가 너를 용서하겠다. 비록 너는 나를 배신하고 떠났으며 나에게 상처를 입혔지만 내가 그 모든 피해를 감수하고 대가를 치르겠다. 왜냐하면 너를 너무나 사랑하기 때문이다. 너와 다시 사랑의 관계를 회복할 수만 있다면 나의 목숨도 아깝지 않다. 넌 나에게 그만큼 사랑스럽고 소중한 존재다. 그러니 이제 넌 내 화해의 손을 붙잡기만 하면 된다.

이게 하나님의 아들이신 예수님이 화목 제물이 되셔야만 했던 이유다. 화목 제물은 말 그대로 가해자가 피해자와 관계를 회복하기 위해 바쳐야 했던 대가의 제물이었다. 그런데 하나님은 자신이 피해자이시면서도 가해자를 대신해 모든 대가를 지불하셨다. 그것도 가장 사랑하는 아들의 목숨을. 이유는 오직 하나, 우리를 너무나 사랑하셨기 때문이다. 성경은 우리가 받은 이 사랑을 한마디로 이렇게 표현한다.

사랑하는 여러분, 하나님께서 이렇게까지 우리를 사랑하셨으니 …(요일 4:11, 새번역성경).

이게 우리가 받은 사랑이다. 하나님은 우리의 연약함과 죄악 됨에도 불구하고 우리를 포기하지 않으셨다. 다른 사람이라면 "내가 너에게 이렇게까지 했는데도 넌 전혀 변할 기미도 보이지 않고, 나에게 고마워할 줄도 모르는구나!"라고 말하며 포기했을지 몰라도, 하나님은 그러지 않으셨다. 이게 하나님이 우리에게 주신 무조건적인 사랑이다.

하나님은 조건 없이 있는 그대로의 우리를 사랑하시면 서도 잘못된 점을 고치기 위해 모든 것을 다 바쳐 헌신 하고 희생하셨다. 심지어 자신에게 심각한 피해를 입힌 가해자인 우리를 다시 사랑하기 위해 목숨을 바치는 대 가까지 치르셨다. 이 사랑은 결코 어떤 신화나 듣기 좋 은 소설이 아니다. 2천 년 전 이 땅에 오신 하나님이 우 리를 위해 직접 행하신 사랑이다. 우리가 얼마나 큰 사 랑을 받았고, 지금도 받고 있는지 알겠는가? 하나님이 이렇게까지 우리를 사랑하셨다.

바로 이게 성경이 "사랑은 여기 있다"라고 말하는 이유 다. 로맨스 영화 속에만 존재할 것 같은 진정한 사랑이 하나님께 있다. 그분의 사랑은 말뿐인 사랑이 아니라, 매우 구체적이고 실제적인 사랑이다. 그러므로 우리를 향해 화해의 손길을 내미신 하나님의 손을 붙잡고 그분 의 사랑 아래로 들어갈 때 우리는 그토록 찾아 헤매던 진정한 사랑을 경험하고 깨닫는다. 내가 얼마나 놀라운 사랑을 받았고, 지금도 받고 있는지를 알고 그 사랑을 노래하게 된다.

굳이 내가 나를 사랑하기 위해 애쓰면서 노력할 필요 도 없다. 그저 하나님이 주시는 넘치는 사랑을 받아 누리기만 하면 된다. 그리고 이렇게 하나님의 사랑을 받아 누릴 때 우리는 그 사랑을 주변에 흘려보내기 시작한다. 내가 사랑받기 위해 사랑하지 않고, 진짜 사랑하기 위한 사랑을 한다. 이렇게 넘쳐흐르는 사랑을 나누는 사람들이 많으면 많을수록 그곳엔 더욱 사랑이 가득해진다. 성경이 하나님께 사랑받은 자들이 서로 사랑하는 것이 마땅하다고 말하는 이유가 여기에 있다.

사랑하는 여러분, 하나님께서 우리를 이처럼 사랑하셨으니 우리도 서로 사랑하는 것이 마땅합니다(요일 4:11).

성경이 말하는 사랑은 결코 억지 사랑이 아니다. 하나님 안에서 진정한 사랑을 발견하고 회복해 나가는 사람들은 세상에선 불가능해 보이는 사랑을 실천해 나가기 시작한다. 이런 사랑을 누리고 싶지 않은가?

당신이 그토록 찾아 헤매던

그 사랑이

바로 여기에 있다!

하나님이 우리를 이렇게까지 사랑하셨다!

사랑이 어려운 당신,
하지만 사랑이 필요한 당신.

그토록 원하던 그 사랑을 받고 싶지 않은가?

사랑의 하나님은
당신이 원하는 사랑을 줄 수 있는 유일한 분이시다.

사랑의 하나님께 나갈 때
그 사랑이 나를 채우기 시작한다.

Part 5

혼자가 편한데
왜 외롭지
???

아무리 혼자가 좋고 편해도

조금만 시간이 지나면

우리는 외로움과 허전함,

그리고 무료함을 느낀다.

나 혼자
못 산다

·
·
·

"나 혼자 산다"라는 TV 예능 프로그램은 제목 그대로 혼자 사는 연예인들의 싱글 라이프를 관찰하는 예능이다. 그런데 이 프로엔 정작 혼자 사는 이야기는 거의 나오지 않는다. 초창기엔 이름에 걸맞게 진짜 싱글 라이프를 보여 줬다. 그런데 문제는 재미가 없었다. 혼자 집에서 늦게 일어나 대충 빵이나 과자로 끼니를 때우고 하루 종일 TV를 보고 게임을 하다 다시 잠드는 패턴은 한 번은 흥미로웠을지 몰라도 그 이후엔 어떤 감동과 재미도 없었다. 결국 프로그램은 점차 혼자 사는 사람들이 주변 사람들과 어떻게 어울리며, 어떤 이야기를 만들어 내는지로 바뀌어 갔다.

개인주의가 당연시된 사회 속에서 사람들은 인생은 어차피 혼자 사는 거라고 말한다. 물론 복잡한 관계들을 떠나 혼자 사는 삶이 주는 편안함이 있다. 하지만 혼자 사는 삶이 주는 편안함은 어디까지나 잠시일 뿐이다. 아무리 혼자가 좋고 편해도 조금만 시간이 지나면 우리는 외로움과 허전함, 그리고 무료함을 느낀다.

그동안 당신이 살면서 기억에 남은 추억들을 떠올려 보라. 우리의 추억들 대부분은 혼자 있던 시간보다 다른 누군가와 함께한 시간들이다. 같은 경험을 해도 그것을 함께 나누고 이야기할 사람이 있을 때와 없을 때의 풍성함은 완전히 다르다. 멋있는 풍경을 보고 맛있는 음식을 먹으며 혼자서도 감탄할 수 있지만, 그것이 혼자만의 메아리로 남을 때와 누군가에게 말할 때의 차이는 분명 다르다.

"맛있다"는 말은 다른 누군가에게 말할 때 비로소 진짜가 된다. 하지만 어느새 혼자 사는 게 당연해진 세상에서 우리에겐 "맛있다"라는 말을 나눌 수 있는 관계도 그리 많지 않다.

그래서일까? 최근 청년들 사이에서는 '크루'와 '살롱'이라는 소모임들이 인기를 끌고 있다. 이런 소모임에서 청년들은 서로의 취미를 공유하며 영화, 책, 미술 등 각자의 관심 분야를 가지고 토론하며 이야기한다. 비록 코로나19로 인해 모임에 변화는 생겼지만, 그럼에도 이런 모임들은 계속해서 많아지고 있다. 아이러니하게, 혼자에 익숙하고 혼자가 편하다고 말하던 사람들이 외로움에 다른 관계들을 찾아 나서기 시작한 것이다.

실제로 개인주의적 성향이 강한 세대일수록 오히려 외로움에 더 취약하다는 것을 알 수 있다. 2021년 코로나19로 인해 가장 큰 우울감을 느끼는 세대를 조사해 보니 1위가 20대, 2위가 30대였다. 흔히 관계를 소중하게 생각하며 평소 여러 관계를 맺고 있던 사람들이 더 우울감을 느낄 것 같았지만 실상은 아니었다. 오히려 그동안 관계보다는 나를 더 소중하게 여기며 혼자를 편하게 생각하던 세대들이 코로나19로 진짜 혼자 사는 세상이 닥치자 우울감에 더 심한 타격을 입은 것이다.

코로나19로 인한 고립과 단절은 그동안 우리가 당연하게 들어 온 "인생은 혼자 사는 거야"라는 말의 한계를 여실히 보여 주기 시작했다. 사실 우리가 "혼자가 편해!"라고 외칠 수 있는 이유는 조금만 밖으로 나가면 언제든지 함께할 수 있는 친구들과 관계가 존재하기 때문이었다. 외로울 때 외로움을 달래 줄 관계들이 있을 때 우리에겐 혼자만의 시간도 가능했다. 그런데 코로나19로 인해 이런 관계들이 무너지고 완전히 혼자가 되자 사람들은 한 번도 경험하지 못한 외로움과 우울감에 시달리기 시작했다. 결국 오늘날 사람들이 흔히 말하는 것과는 다르게 막상 우리는 '나 혼자선 살 수 없었다.'

정말 인생은 혼자 사는 거라고 생각하는가?
내 주변에 아무도 없이 혼자 사는 삶에 만족할 수 있는가?

인간
알레르기

.
.
.

혼자 사는 것도 어렵지만 누군가와 관계를 맺으며 함께 사는 것도 어려운 건 마찬가지다. 일본의 정신과 의사인 오카다 다카시는 현대인들의 질병 중 하나로 '인간 알레르기'를 꼽는다. 인간 알레르기는 과거에 경험한 인간관계에 대한 부정적인 경험이 알레르기 반응처럼 몸에 정착된 것을 말한다. 인간 알레르기를 가진 사람들은 작은 관계의 문제에도 더 예민하게 반응한다. "난 혼자가 편해. 결국 인생은 혼자 사는 거지. 역시 사람은 믿을 수 없어."

그런데 오카다 다카시는 인간 알레르기에서 치유될 수 있는 유일한 방법도 인간관계라고 말한다. 알레르기를 치료하는 유일한 방법이 같은 성분의 알레르기를 신체에 주입하는 것이듯, 사람에게 받은 상처도 오직 사람을 통해서 치유받을 수 있다는 것이다. 오늘날 많은 사람이 인간 알레르기에 시달리면서도 결국엔 다시 관계를 찾는 이유가 여기에 있다.

인간관계에 치이고 상처받지만 그럼에도 우리는 혼자서만 살 순 없다. 그래서 사람들은 관계를 벗어나 살다가도 자연스레 시간이 지나면 새로운 관계를 찾아 나선다. '이번에는 진정한 관계를 맺을 수 있지 않을까?'라는 작은 희망을 놓지 않는다.

하지만 세상에서 인간 알레르기를 치유해 줄 수 있을 만큼의 진실하고 깊은 관계를 경험하기는 쉽지 않다. 한때는 진실한 관계라 믿었던 사이도 여러 환경과 상황 속에서 깨지기도 하고 바쁜 세상살이에 멀어지기도 한다.

외로움을 달래기 위해 새로운 모임에 참여하고 관계를 가지려 하지만 조건적인 모임에서 진실한 관계를 맺기란 어렵다. 비록 비슷한 취미와 성향과 가치관을 가졌어도 사람들은 적당히 좋은 모습으로 적당한 가면을 쓰고

만날 뿐이다. 당연히 이런 관계에서 나의 진실한 모습을 드러내며 깊은 속내를 털어놓는 것은 불가능하다. 아마 그런 이야기를 하면 분위기를 망친다는 이유로 모임에서 퇴출당할 것이 뻔하다. 결국 이런 피상적인 모임에서 우리는 잠깐은 외로움을 달랠 수 있을지 몰라도 인간관계의 치유를 경험할 순 없다. 인간 알레르기를 극복하는 것은 가면을 벗은 채 진실한 내 모습을 있는 그대로 보여 줄 수 있는 지속적인 관계를 통해서만 가능하다.

물론 일반적인 모임을 통해서도 우리는 외로움을 달래고 관계의 갈등을 해소할 수 있다. 그렇다면 진실하고 깊은 관계야말로 우리에게 훨씬 더 깊은 치유와 회복을 가져다주지 않을까? 조건적이면서 피상적으로 반복되는 만남은 언젠간 지치고 싫증 나기 마련이다. 하지만 진실한 관계는 이것을 뛰어넘어 날이 갈수록 더욱 깊어져 간다.

결국 관계에 치여 인간 알레르기에 시달리는 많은 사람이 알레르기에서 치유되기 위해선 적당한 관계를 넘어서 진실한 관계가 필요하다.

당신이 속해 있는 관계들은

어떤 곳인가?

그곳에서 얼마나 진실한 치유와 회복을

경험하고 있는가?

새로운
공동체의
등장

•

•

•

하나님은 창조한 세상을 보시며 좋아하셨다. 이때 '좋다'
라는 말은 단순히 '보기 좋다'는 의미를 넘어 '온전하다'
라는 뜻을 담고 있었다. 그런데 하나님이 창조하신 피조
물들 중 유일하게 좋지 않은 게 있었는데, 바로 혼자 있
는 사람이었다. 그래서 하나님은 이렇게 말씀하셨다.

> 여호와 하나님께서 말씀하셨습니다. "사람이 혼자 있는 것이 좋지
> 않으니 내가 그에게 알맞은 돕는 사람을 만들어 주겠다"(창 2:18).

그 어떤 관계도 없이 혼자서 존재하는 인간은 온전할 수 없었다. 그래서 하나님은 최초의 인류인 아담에게 돕는 배필인 하와를 주셨다. 그리고 하와와의 관계 안에서 아담은 비로소 온전한 제자리를 찾았다.

이 말씀은 단순히 결혼과 부부 관계만을 의미하지 않는다. 아담과 하와는 부부이자 인류 최초의 공동체였다. 이처럼 하나님은 처음부터 인간이 홀로 사는 존재가 아니라, 공동체로 다른 사람과의 관계 속에서 살도록 창조하셨다. 그런데 예수님은 자신을 통해 이 공동체가 더욱 새롭게 확장되었다고 말씀하셨다.

> 그러고는 곁에 둘러앉은 그들을 보며 말씀하셨습니다. "보라. 내 어머니와 내 형제들이다. 누구든지 하나님의 뜻을 행하는 사람이 바로 내 형제요, 자매요, 어머니다"(막 3:34-35).

예수님 당시 사람들에게 공동체는 기껏해야 가족이나 친척, 넓게는 마을에서 자신의 민족 정도에 불과했다. 그런데 예수님은 이 모든 것을 뛰어넘어 누구든지 하나님의 뜻을 행하는 사람들이 곧 형제요, 자매요, 어머니라고 말씀하셨다. 혈연과 지역과 나라와 민족을 뛰어넘는 새로운 공동체의 탄생을 알리신 것이다.

성경은 교회가 바로 예수님을 통해 하나로 이루어진 새로운 가족 공동체라고 말한다. 그런데 이때 교회가 예수님을 통해 새롭게 세워진 공동체라는 건 이 공동체에 세상과는 다른 관계적 특징이 존재한다는 것을 보여 준다. 그래서 성경은 에베소서에서 예수님을 통해 새롭게 만들어진 교회 공동체가 세상과 어떻게 다른 공동체인지를 설명한다.

그런데 교회 공동체를 이야기할 때 누군가는 "아니, 지금도 교회를 보면 싸우고 이기적이며 주변에 민폐만 끼치는데, 이런 교회가 세상과 다른 대안이 될 수 있다고? 오히려 세상보다도 못한 곳이 교회인데 말이야. 난 그런 공동체는 별로 가고 싶지 않아" 하며 부정적인 반응을 보일 수 있다.

안타깝게도 이런 반응은 근거 있는 사실이고, 교회는 이런 목소리에 귀를 기울이며 반성해야 한다. 하지만 오늘날 교회가 보여 주는 건강하지 못한 모습 때문에 성경이 말하는 공동체도 굳이 알 필요가 없다고 말하는 건 다른 문제다. 오히려 오늘날 교회가 세상에서 본이 되지 못하는 이유는 예수님의 가르침에서 벗어났기 때문이다. 그런데 교회가 세상보다 못한 모습으로 전락할 수 있다는 건 그 누구보다 예수님이 이미 가장 잘 알고 경고하셨다.

너희는 이 땅의 소금이다. 그러나 만일 소금이 짠맛을 잃어버리면 어떻게 다시 짜게 되겠느냐? 아무 데도 쓸데가 없어 바깥에 버려지고 사람들에게 짓밟힐 것이다(마 5:13).

하지만 예수님은 교회 공동체가 예수님의 가르침에 가까워질 땐 분명 세상에선 볼 수 없는 새로운 공동체의 역할을 감당할 수 있다는 사실 또한 알고 계셨다. 실제 역사 속에서 교회가 이런 아름다운 공동체와 관계를 보여 준 예는 많이 존재한다. 하지만 이 모든 일은 교회가 예수님의 가르침을 삶으로 살아 낼 때 가능했다.

그러므로 오늘날 교회 공동체가 실망스러운 모습을 보여 주는 이유는 성경의 가르침이 틀렸기 때문이 아니라, 교회가 성경에서 멀어졌기 때문이다. 교회가 성경이 말하는 공동체의 모습을 보여 줄 수만 있다면 여전히 교회는 세상 그 어디에도 없는 아름다운 공동체가 될 수 있다. 왜냐하면 성경은 예수님을 통해 세상 그 어디에도 없는 새로운 공동체가 탄생했다고 말하기 때문이다.

결국 오늘날에도 진실한 관계와 공동체를 잃어버린 사람들에게 필요한 건 여전히 성경이 말하는 공동체다. 대안은 교회가 아니라, 성경이 말하는 교회 공동체에 있다.

선을
넘어서

●

●

●

성경은 에베소서 2장 11-22절에서 예수님을 통해 새롭게 이루어진 교회 공동체의 특징을 크게 세 가지로 표현한다.

첫 번째는 벽을 허무는 공동체다. 당시 에베소 교회에서는 이스라엘 민족인 유대인과 이방인이 함께 예배를 드리고 있었다. 오늘날 우리에겐 이 사실이 전혀 대단하게 들리지 않을지 몰라도 당시에 한 공간에서 유대인과 이방인이 함께 하나님을 예배한다는 것은 엄청 파격적인 일이었다. 주후 1세기 이방인에 대한 유대인의 혐오와 차별은 우리가 생각하는 것보다 훨씬 더 컸다. 윌리엄 바클레이(William Barclay)라는 신학자는 당시 이방인을 향한 유대인의 혐오를 이렇게 설명한다.

> 유대인들은 이방인들을 엄청나게 경멸했다. 유대인들은 하나님이 지옥불의 연료로 쓰려고 이방인들을 창조하셨다고 말했다. 그들은 하나님이 나라 중 오직 이스라엘만 사랑하신다고 말하곤 했다. … 이들은 이방인 어머니가 극한 진통을 느끼는 순간에도 그에게 도움을 베푸는 것을 합법적이지 않다고 생각했다. 적어도 예수님이 오시기 전까지 이방인은 유대인에게 경멸의 대상이었다. 그들 사이의 장벽은 절대적인 것이었다. 만약 유대인 남자가 이방인 여자와 결혼하거나, 유대인 여자가 이방인 남자와 결혼하면 그 유대인 남자 혹은 유대인 여자의 장례식이 거행되기도 했다. 이방인과의 접촉은 그들에게 이미 죽음과도 같은 것이었다.[7]

실제로 당시 예루살렘 성전에 존재하던 거대한 벽은 이방인과 유대인이 하나가 되는 것이 얼마나 불가능한 일인지를 보여 주는 상징이었다. 예루살렘 성전에는 이방인도 하나님께 나올 수 있도록 마련된 '이방인의 뜰'이라는 곳이 존재했다. 하지만 유대인들은 이방인들과 자신들이 한 공간에 있다는 것 자체를 매우 불결하게 생각했고 확실한 선을 긋기 원했다. 그래서 그들은 유대인이 예배드리는 장소와 이방인의 뜰 사이에 높은 계단을 만들고 계단 바깥에는 1미터가 넘는 벽을 세운 후 바깥쪽에 이런 문구를 썼다.

어떤 외국인도 성전 주위의 장벽 및 경내에 들어올 수 없다. 누구든 이렇게 하다가 잡혀 사형을 당하게 된다 해도 그것은 오직 그의 잘못이다.

이처럼 당시 예루살렘 성전에 세워진 벽은 유대인과 이방인이 하나가 된다는 것이 얼마나 불가능한 일인지를 잘 보여 주었다. 그런데 성경은 결코 넘을 수 없어 보이던 유대인과 이방인 사이의 거대한 벽이 예수님을 통해 완전히 무너졌다고 말한다.

그리스도는 우리의 화평이시니 자기의 육체로 둘을 하나로 만드신 분이십니다. 그분은 중간에 막힌 담, 곧 원수 된 것을 헐어 내셨고(엡 2:14).

이 표현처럼 실제로 당시 에베소 교회에선 유대인과 이방인이 그 어떤 벽도 없이 같은 장소에서 함께 예배를 드리고 있었고, 이는 매우 파격적인 일이었다. 도대체 어떻게 이런 파격적인 공동체의 변화가 일어날 수 있었을까?

흔히 차별과 혐오는 '너와 나는 다르다'는 것에서부터 시작된다. '너와 나는 서로 다르다'는 생각은 상대방과 나 사이에 거대한 벽을 세운다. "기생충"이라는 영화는 과거 이스라엘뿐만 아니라 오늘날에도 여전히 존재하는 이 벽을 '선'으로 표현한다. 그래서 영화 속에서 배우 이선균 씨는 이렇게 말한다. "다 괜찮은데, 선만 넘지 않으면 돼요." 굳이 2천 년 전 이스라엘뿐만 아니라 오늘날에도 여전히 사람들은 관계 속에서 자신만의 선을 가르고 벽을 세운다. '당신과 나는 딱 여기까지만.'

하지만 오늘날 사람들은 이를 대놓고 티내진 않는다. 그건 교양 없다고 여겨지기 때문이다. 그래서 사람들은 겉으론 좋은 모습을 보이며 친절하게 대한다. 하지만 우리의 내면에는 엄연히 '나와 너는 다르고 하나가 될 수 없다'는 선과 벽이 존재한다. 당연히 이런 선을 가지고선 진실한 관계도 맺을 수 없다. 선을 허물고 진실한 관계를 맺기 위해선 '우리는 서로 다르지 않다'는 공통점이 필요하다. 사실 '나와 너는 다르지 않다'는 것을 알 때 우리는 비로소 선과 벽을 허물기 시작한다.

혹시 용기 내어 나의 어려움을 털어놓았을 때 상대방도 비슷한 어려움을 털어놓은 경험을 한 적이 있는가? 그때 우리는 그 어떤 공통점도 없어 보였던 서로가 크게 다르지 않다는 사실에서 위로를 얻고, 동질감을 느끼며, 하나의 벽이 허물어지는 경험을 한다.

예수님을 통해 벽이 허물어졌다는 말은 바로 여기에 대한 이야기다. 성경은 우리 모두 동일한 죄인이라고 말한다. 하나님 앞에선 그 누구도 더 잘나거나 뛰어나거나 선하지 않다. 모두 고만고만한 죄인들일 뿐이다.

하지만 예수님은 우리를 모두 동일하게 사랑하시고 우리를 위해 같은 희생을 치르셨다. 이 예수님 안에서 우리는 모두 같은 은혜와 사랑을 받은 동일한 존재라는 걸 깨닫는다. 그리고 이 눈으로 나와 타인을 바라볼 때 우리는 비로소 '나와 너는 다르다'는 벽을 허물고 진실한 관계를 맺기 시작한다. 이게 예수님을 통해 벽이 허물어진 진실한 관계와 공동체다.

이것만큼은 용납할 수 없는

내 관계의 선은 무엇인가?

당신에겐 그 선을 허물 수 있는 용기가 있는가?

이미
하나가 된
존재들

•
•
•

교회 공동체의 두 번째 특징은 이미 하나가 된 공동체
라는 것이다. 에베소서 2장 11-22절은 서로 다른 존재
가 하나가 되었다는 사실을 반복해서 강조한다.

> … 그리스도 예수 안에서 그리스도의 피로 가까워졌습니다 …
> 둘을 하나로 만드신 분이십니다. … 그리스도가 그분 안에서
> 이 둘로 한 새사람을 창조해 … 둘을 한 몸으로 … 한 성령 안
> 에서 … 하나님의 가족입니다(엡 2:11-22).

그런데 이때 성경은 하나가 될 수 있다거나, 더욱 하나를 이루어 가야 한다고 말하지 않는다. 성경은 분명하게 '우리가 이미 하나가 되었다'고 말한다. 우리가 하나를 이루어 가야 한다는 것과 이미 하나가 되었다는 것은 큰 차이를 가지고 있다.

혹시 조별 과제를 해 본 적이 있는가? 이상하게도 비슷한 또래에, 비슷한 문화를 가지고, 비슷한 지적 능력을 가진 사람들이 과제를 위해 5명에서 7명만 모여도 하나를 이루기란 거의 불가능에 가깝다. 하나의 과제를 하는데도 서로가 너무 다르고, 특성이 다르고, 관심 분야가 다르며, 하고 싶은 것도 다 다르다.

하물며 잠깐의 과제를 위해 모인 소수도 이렇게 하나가 되기 힘든데, 그보다 훨씬 더 다양한(지역, 나이, 학벌, 문화, 경제적 능력 등) 사람들이 모인 교회가 하나를 이루는 게 과연 가능할까? 분명히 말하는데, 우리의 노력으로 하나를 이루어야 한다면 교회는 결코 하나를 이룰 수 없다.

그런데 성경은 이렇게 다양하고 너무나 다른 서로가 예수님 안에서 이미 하나가 되었다고 말한다. 우리의 힘으로 그렇게 된 것이 아니라, 한 분 하나님 안에서 모두가 같은 은혜를 받고, 같은 사랑을 받으며, 같은 하나님의 자녀로 부르심을 받았기 때문이다. 그래서 성경은 교회 공동체를 '가족'이라고도 표현한다.

이는 마치 각기 다른 고아원에서 자란 수많은 아이가 한 부모의 집에 입양된 것과 같다. 각기 다양한 환경에서 자란 아이들이지만 동일한 사랑과 은혜 속에 한 부모에게 입양되었다면 그 순간부턴 한 가족이다. 그리고 하나의 가족이 되었다면 이젠 가족으로 살아가는 법을 배워야 한다. 그렇게 할 때 한 가족이 될 수 있기 때문이 아니라, 이미 하나의 가족이기 때문이다.

하나님이 우리를 이미 하나의 가족으로 만드셨다는 것이 바로 이와 같다. 우리가 한 하나님 아버지의 은혜 아래 하나의 가족이 되었다면 우리에게 필요한 건 하나의 가족이라는 사실을 기억하고 그것을 지켜 나가는 것이다. 이를 두고 성경은 이렇게 말한다.

화평의 매는 줄로 성령께서 하나 되게 하신 것을 힘써 지키십시오(엡 4:3).

그런데 이 말씀은 각자가 가지고 있는 다양성과 개성을 없애고 하나의 모습과 색깔로 통일하라는 뜻이 아니다. 교회는 마치 다양한 악기가 모여 있는 거대한 오케스트라와 같다. 오케스트라 안에는 자기만의 악기로 다양한 음을 내는 연주자들이 존재한다. 그런데 연주자들이 자기가 하고 싶은 대로 연주를 하는 순간, 오케스트라는 결코 아름다운 음악을 연주할 수 없게 된다.

다양한 연주자들이 모인 오케스트라가 아름다운 하나의 하모니를 이루기 위해서는 반드시 지휘자가 필요하다. 지휘자의 인도에 따라 각자가 자신의 자리에서 자신이 내야 할 소리를 낼 때 비로소 오케스트라는 아름다운 음악을 만들어 낸다.

서로가 너무나 다른 다양한 사람들이 모인 교회가 하나를 지켜 나가는 방법도 마찬가지다. 우리는 모두 교회의 지휘자이신 예수님께 집중해야 한다. 관계를 맺을 때도 내가 원하는 방식으로, 내가 하고 싶은 대로 맺는 것이 아니라, 지휘자이신 예수님의 지휘에 맞춰 그분이 가르쳐 주신 방법을 따라야 한다.

예수님이 직접 보여 주신 것처럼 서로가 먼저 섬기고 존중하며, 앞에 선 자는 뒤따르는 사람을 이끌어 주고, 뒤따르는 사람은 앞에 선 사람을 존중하고 순종해야 한다. 그리고 무엇보다 우리가 하나님께 받은 것처럼 서로를 있는 그대로 진실하게 사랑해야 한다. 이것이 하나님이 이루신 하나를 지키며 건강한 관계를 맺을 수 있는 방법이다.

성장하는
공동체

•
•
•

교회 공동체의 마지막 세 번째 특징은 성장하는 공동체
라는 것이다. 아마 앞서 언급한 교회 공동체의 모습에
이런 생각을 할 수 있다. '그건 너무 이상적인 이야기 아
니야?'

맞다. 성경이 말하는 교회의 모습은 현실에서는 존재
할 수 없을 것 같아 보인다. 예수님을 통해 벽이 허물어
졌고 하나님 안에서 이미 하나가 되었다고 말해도 막상
현실은 달라도 너무 다르다.

하지만 이런 괴리감에도 성경은 하나님이 왜 우리를 구원하셨고, 왜 하나의 공동체로 부르셨는지를 기억하라고 말한다. 이것들은 우리의 자격이나 도덕적 능력으로 주어진 것이 아니라, 은혜로 주어진 것이다. 하나님은 죄인들을 오직 은혜로 사랑하셨다. 결국 저 사람도, 나도 동일한 사랑과 은혜를 받았다는 사실을 인정할 때 우리는 현실의 장애물을 넘고 극복하며 성장해 간다. 성경은 이를 하나의 건물이 지어져 가는 모습으로 묘사한다.

그리스도 안에서 건물 전체가 서로 연결돼 주 안에서 함께 자라 거룩한 성전이 됩니다. 여러분도 성령 안에서 하나님께서 거하실 처소가 되기 위해 그리스도 안에서 함께 세워져 가고 있습니다(엡 2:21-22).

어느 나라를 가든 그곳에서 가장 웅장하고 화려한 대표적 건물엔 궁전이 있다. 궁전이 화려하고 아름답게 지어진 이유는 그곳에 왕이 거했기 때문이다. 화려한 곳이라 왕이 머문 것이 아니라, 왕이 머물 곳이기에 가장 화려하고 웅장하게 지어진 것이다. 성경은 교회가 세상 그 어디에서도 볼 수 없는 가장 아름답고 웅장하며 멋있는 궁전으로 지어져 가는 공동체라고 말한다. 그곳이 만왕의 왕이신 하나님이 거하실 처소이기 때문이다.

공동체는 그 목적이 무엇이냐에 따라 달라진다. 공동체의 목적이 나에게 있을 때 그 공동체는 건강할 수 없다. 개개인이 자신의 외로움을 달래고 위로받기 위해 모인 공동체는 결국 쉽게 무너진다. 나에게 부담되는 일이 올 때, 누군가 나를 서운하게 할 때, 관계가 조금 불편해질 때 사람들은 관계의 어려움을 굳이 넘어서려 하지 않는다. 내가 편한 곳으로 옮기면 그만일 뿐이다. 이런 공동체에선 당연히 진실한 관계를 맺기도 어렵다. 건강한 공동체는 개인을 넘어서 더 가치 있는 의미와 목적을 가진 공동체다.

2020년 도쿄 올림픽에 출전한 여자 배구 대표팀은 최약체로 평가되었다. 올림픽 전까지도 성적이 계속 좋지 않았고, 모두 한국이 예선조차 넘지 못할 거라 생각했다. 그런데 이런 예상을 뒤엎고 그들은 4위라는 성적을 이뤄 냈다. 그들이 그 누구도 예상하지 못한 결과를 낼 수 있었던 이유는 같은 목적을 가지고 있었기 때문이다. 나를 넘어서는 목적 앞에서 그들은 너 나 할 것 없이 먼저 헌신하고 희생하며 하나가 되어 갔다. 그렇게 그들은 올림픽 경기를 치르며 더욱 성장해 갔다.

성경은 교회가 바로 이런 공동체라고 말한다. 내가 속

한 공동체가 얼마나 위대한 목적을 가지고 있는지 알 때 그 공동체는 쉽게 무너지지 않는다. 나를 넘어서 더 큰 의미와 목적을 가진 공동체는 위기가 올 때 오히려 더욱 하나가 되어 그것을 극복하며 성장해 간다. 그리고 같은 은혜와 사랑을 받았다는 사실 앞에 서로를 동일하게 여기고, 벽을 허물어 가며, 하나의 목적을 향해 나아가는 공동체 안에서 진실한 관계를 경험해 간다.

이처럼 나보다 더 가치 있는 목적을 향해 함께 나아갈 동역자가 있는 공동체의 일원이 된다는 건 굉장히 멋진 일이다. 하나님은 우리를 이런 관계 속으로 부르셨다.

나를 넘어선 진실한 공동체와 관계가 있을 때
인간 알레르기는 드디어 치유된다.

당신의 외로움을 궁극적으로 달래 줄
교회 공동체를 향해
마음을 열 준비가 되었는가?

관계의 상처와 아픔에서 치유받고 싶은가?

여전히 외로운 당신에게 필요한 건
진실한 관계다.

나에겐 인생을 함께할 공동체가 있는가?

외로움을 넘어 성장하고 싶다면
진실한 관계로 들어가라.

Part 6

세상은
왜 이렇게
불공평하지
???

세상에서 완전한 정의를 이루기 힘든 이유는
정의를 외치는 우리가 정작
완전하게 정의롭지 않다는 사실에 있다.

세상은
원래
이런 곳이야?

•
•
•

2021년 4월 한국 사회에 대한 인식 조사에서 재밌는 주제로 설문을 한 적이 있다. 바로 "한국 사회는 착한 사람이 잘 사는 사회일까? 못된 사람이 잘 사는 사회일까?"였다. 당신은 어떻게 생각하는가? 놀랍게도 천 명 중에서 약 74%가 '한국 사회는 못된 사람이 더 잘 사는 사회'라고 대답했고, 20-30대의 청년들은 약 90%가 같은 대답을 했다. 이 조사 결과는 한국 사회에서 정의를 바라보는 사람들의 생각을 잘 보여 준다.

사람들은 우리 사회가 그다지 공정하지 않다고 생각한다. 그리고 이런 정의에 대한 부정적인 생각은 청년들에게 더욱 심하다.

정의에 대한 청년들의 부정적인 인식은 또 다른 설문에서도 잘 나타났다. "절차가 공정하면 내가 원하는 것을 얻지 못해도 결과를 수용할 의사가 있는가?"라는 질문에 청년들의 66%만 '그렇다'고 대답했다. 34%의 청년들은 공정한 과정보다는 나에게 주어진 결과가 더 중요하다고 대답한 것이다.

못된 사람이 더 잘 살 수 있다고 믿는 세상에서, 어느새 청년들은 공정보단 '내가 좋은 결과만 얻을 수 있으면 그만'이라고 생각하기 시작했다.

이런 조사 결과들을 통해 우리는 오늘날 사람들이 정의에 대해 어떻게 생각하는지를 알 수 있다. 사람들은 우리가 살아가는 세상이 그렇게 정의롭지 않다고 생각한다. 그래서 사람들은 정의롭지 못한 세상에서 살아남기 위해선, 잘 살기 위해선, 가족을 부양하기 위해선 적당한 타협은 어쩔 수 없다고 말한다.

《지적 대화를 위한 넓고 얕은 지식》(웨일북, 2020)에 등장하는 '파산 의식'은 왜 너무나 당연해 보이는 정의에 한계가 존재할 수밖에 없는지를 알려 준다.

파잔은 코끼리의 영혼을 파괴하는 의식이다. 야생에서 잡은 아기 코끼리를 움직이지 못하게 묶어 둔 뒤 저항이 완전히 사라질 때까지 몇 날을 굶기고 구타하는 의식. 절반의 코끼리가 이를 견디지 못하고 죽음에 이르지만 강인한 코끼리는 살아남아 관광객을 등에 태우고 돈벌이의 수단이 된다.

… 우리는 악에 대해 생각해 보게 된다. 파잔 의식을 시행하는 몽둥이를 든 가난한 자들에게 분노하게 된다. 하지만 분노에서 멈추지 않고 그들의 삶을 들여다보면 모든 문제가 그러하듯 이것이 단순히 선악의 문제를 넘어선다는 것을 알 수 있다. 어쩌면 파잔 의식을 시행하는 자들도 피해자일지 모른다.

… 그들이 처음 아기 코끼리를 구타하는 것을 주저할 때, 그의 가정과 사회는 그에게 친절하게 말했을 것이다. 그것은 먹고사는 데 아무런 도움도 되지 않는다. 네가 지켜야 할 사랑하는 이들의 생존을 위해 어른스럽게 행동하라. 결국 그는 자기 안의 목소리가 들리지 않은 척했을 것이고, 세상이 혼란스럽지 않은 척했을 것이다. 이 이야기는 당신의 이야기다. 당신은 어느 곳에서는 매 맞는 코끼리였고, 다른 곳에서는 몽둥이를 든 자였다.[8]

이 이야기에서 우리는 세상이 정의를 추구하고 외치지만 정작 왜 완전한 정의를 이루지 못하는지를 잘 알 수 있다. 오늘날 세상에서 말하는 정의는 내가 먹고사는 문제와 이익과 충돌할 땐 적당히 타협된다. 나를 포함해 수많은 사람이 "세상은 원래 이런 곳이니 살아남기 위해선 나도 어쩔 수 없어"라는 말로 작은 불의들에 적당히 눈을 감는다.

교회를 다녀도 마찬가지다. 사람들은 정의와 정직에 대해 설교를 들을 땐 고개를 끄덕이면서도, 한편으론 생각한다. '맞아, 좋은 말씀이지. 하지만 세상에서 어떻게 그렇게 살 수 있겠어? 그렇게 살면 세상에서 바보 취급을 당하고 망할 수밖에 없어. 나도 먹고는 살아야지. 세상에선 적당한 타협도 필요한 법이야. 하나님도 그 정돈 이해해 주실 거야. 하나님은 죄인도 구원하시고 사랑하시는 분이니까.'

그렇게 하나님을 믿는다고 하면서도 사람들은 교회 밖에선 적당히 불의와 타협하며 세상의 방식을 취한다.

당신은 정의의 딜레마가 찾아올 때 어떤 선택을 하는가? 정의와 현실 사이에서 유혹을 이겨 낼 수 있는 대안이 있는가?

정의가
어디로
갔을까?

·
·
·

오늘날 세상에서 완전한 정의를 이루기 힘든 이유 중 하나는 사람마다 정의에 대한 기준이 너무나 다르기 때문이다. 세상에서 사람들이 말하는 정의는 정치적 성향에 따라, 문화에 따라, 교육 수준에 따라, 재산에 따라, 지역에 따라 너무나 다양하고 다르다. 보수적 성향을 가지고 있는 사람들이 외치는 정의는 진보적 성향을 가진 사람들에겐 불의하고, 진보적 성향을 가진 사람들이 외치는 정의는 보수적 성향을 가진 사람들에겐 불의하다.

이렇게 정의에 대한 생각과 기준이 각기 다른 세상에서 모두가 만족하고 동의할 수 있는 하나의 정의를 이룬다는 건 매우 어렵다. 물론 거대한 정의에 대해선 모두 동의할지 모른다. 그러나 정의가 그렇게 단순하다면 역사 속에서 수많은 갈등도 일어나지 않았을 것이다. 정의는 우리 생각처럼 그렇게 간단한 문제가 아니다. 지금도 우리가 경험하고 있는 수많은 갈등은 정의가 생각보다 더 복잡하다는 걸 보여 준다.

세상에서 완전한 정의를 이루기 힘든 또 다른 이유는 정의를 외치는 우리가 정작 완전하게 정의롭지 않다는 사실에 있다. 기독교 상담학 교수인 데이비드 폴리슨(David Powlison)은 말한다.

백 퍼센트 정의로운 우리는 백 퍼센트 악한 그들에 대항해 싸울 수 있다. 하지만 당신은 정말로 백 퍼센트 선한가? 그렇지 않을 수도 있음을 알아야 한다. 자신이 옳다는 생각 자체가 얼마나 위험한지 아는가? 자기가 선하다고 생각하는 사람 중에서 얼마나 많은 사람이 자기 의와 자기 연민, 그리고 타인에 대한 비판과 특권 의식에 사로잡혀 살아가는지 아는가? 자기가 소심하다고 생각하는 사람이 얼마나 쉽게 분노하는 사람으로 바뀌는지 아는가? 자신이 억울하다고 생각하는 사람이 얼마

물론 우리가 하나도 정의롭지 않다는 말은 아니다. 사람들은 분명 정의에 대한 갈망이 있다. 그래서 정의롭지 않은 일을 볼 때면 분노하고 억울해하며 화를 낸다. 그게 잘못되었다는 사실을 안다. 그러나 불의한 일을 보고 분노한다는 사실이 내가 정의롭다는 걸 보장하진 않는다. 둘은 조금 다른 문제다. 그래서 간혹 어떤 사람들은 "어차피 사람은 모두 연약한 죄인이니 적당히 이해하고 넘어가는 것도 필요하지 않은가"라고 말하기도 한다.

하지만 나도 연약한 죄인이니까 불의에 침묵해야 한다는 말은 성경적이지 않다. 성경에는 분명하게 불의를 향한 하나님의 수많은 책망과 질책이 등장한다. 이런 분노와 책망은 하나님이 불의를 얼마나 싫어하시는지를 잘 보여 준다. 하나님은 우리가 "나도 어쩔 수 없는 죄인이니 그냥 가만히 있어야지"라고 말하길 원하지 않으신다.

그런데 불의에 대한 사람들의 분노는 잠깐으로 끝나는 경우가 많다. 사람들은 사회적으로 이슈가 될 만한 커다란 불의를 들을 땐 분노하며 정의와 공의를 외친다. 어떤 때는 거리로 나와 직접적인 행동을 취하기도 한다. 하지만 조금만 시간이 지나면 언제 그랬냐는 듯 다시 일상으로 돌아온다. 그러곤 다시 나를 위해 살기 바쁘다. 정의도 중요하지만 결국 내 인생이 더 중요하기에, 과거의 불의는 금세 잊어버린 채 다시 평범한 일상을 살아간다.

당연히 내 인생이 더 중요한 사람들은 정의를 외쳐도 나에게 피해가 가지 않을 정도만 외친다. 그래서 사람들은 정작 가장 가까운 곳에서 나에게 피해를 줄 수 있는 능력을 가졌거나, 불이익을 줄 수 있는 힘을 가진 사람에게는 정의를 잘 외치지 않는다. 우리는 모두 현실 앞에선 분노 조절을 잘한다. 결국 사람들은 커다란 불의엔 분노하지만, 내가 피해를 받을 수 있는 작은 불의엔 침묵하며 타협한다.

이처럼 우리는 완전히 정의롭지도 않고, 완전히 불의하지도 않다. 적당히 정의롭고, 적당히 불의하다. 당연히 이런 우리가 외치는 정의 또한 완전할 수 없다. 어느새 세상에서 정의는 그저 듣기 좋은 구호가 되었다.

완전한 정의를 이룰 수 있는 방법이
당신에겐 있는가?

정의를
찾아 줘

．
．
．

정의를 외치며 추구하지만 분명한 한계 속에서 완전한
정의를 찾을 수 없는 세상의 모습을 두고 성경은 이렇게
말한다.

> 그러므로 공의는 우리에게서 멀고 정의는 우리에게 미치지 못
> 한다. 우리는 빛을 기다리지만 보라, 암흑뿐이다. 밝기만을 기
> 다리지만 어둠 속을 걸어 다니고 있다. 우리는 눈먼 사람처럼
> 벽을 짚으며 다니고 눈이 없는 사람처럼 손의 감각만으로 길

을 더듬으며 다닌다. 대낮에도 황혼 때처럼 헛디뎌 넘어지고 건강한 사람 같아 보여도 죽은 사람이나 다름이 없다. 우리는 모두 곰처럼 부르짖고 비둘기처럼 구슬프게 울면서 공의를 기다리지만 찾을 수 없고 구원을 기다리지만 우리에게서 멀어져만 간다(사 59:9-11).

이사야서는 지금으로부터 약 2,700년 전에 쓰인 책이다. 그런데 정의에 대한 한계와 갈망은 2,700년 전에도 여전히 마찬가지였다. 오늘날 우리가 경험하는 것처럼 2,700년 전 사람들에게도 정의는 현실에서 먼 이야기처럼 들렸다. 사람들은 수없이 공의를 외쳤지만 공의는 항상 닿지 않았고, 정의의 빛을 원했지만 세상은 여전히 캄캄했으며, 슬피 울며 기다린 공의과 구원은 오히려 점점 더 멀어져만 갔다.

그런데 2,700년이라는 긴 시간이 흘렀음에도 여전히 현실은 크게 다르지 않아 보인다. 물론 오늘날엔 과거에 비해 정의가 이루어진 측면도 존재한다. 노예 제도가 사라졌고, 여성 인권이 과거에 비해 성장했으며, 동물과 자연에 대한 정의도 생겨났다. 이처럼 시간이 지나며 정의는 일정 부분 과거보다 진보했다. 그럼에도 여전히 모두가 원하는 완전한 정의는 단 한 번도 이루어진 적이 없다.

신분적인 노예 제도는 없어졌을지 몰라도 자본에 의한 다른 모습의 노예가 여전히 존재하고, 여성 인권의 문제도 여전하며, 이제는 남성 인권에 대한 문제도 새롭게 발생하기 시작했다. 과학과 사회가 발전하며 새로운 시대가 도래했지만, 동시에 이전에 없던 새로운 정의의 문제도 생겨나기 시작했다. 그래서일까? 2,700년 전에 쓰인 정의에 대한 성경의 말씀은 여전히 우리에게도 낯설지 않다. '공평이 멀고, 공의가 미치지 못하고, 빛을 바라나 여전히 어둠뿐이고, 정의를 부르짖지만 여전히 정의와 구원은 멀기만 하구나.'

2,700년 전에도, 그리고 오늘날에도 사람들은 계속 정의를 찾는다. 앞으로 더 많은 시간이 흐르면 모두가 원하는 정의가 찾아올까? 아닐 것이다. 시간이 흐르면 아마 지금과 다른 새로운 모습과 새로운 문제로 인한 또 다른 정의의 문제가 발생할 게 뻔하다. 결국 아무리 시간이 흘러 과학이 발전하고, 사회가 진보하며, 교육이 더 나아진다고 해도 정의를 향한 사람들의 갈증은 여전히 마찬가지일 것이다. 바로 이게 성경이 말하는 세상 속 정의의 한계다.

성경이 말하는

정의에 대한 외침을 보고

어떤 생각이 드는가?

죄가
정의랑
뭔 상관인데?

•
•
•

도대체 왜 이렇게 오랜 시간, 수많은 사람이 정의를 추구하고 원했는데도 불구하고 정의는 이루어진 적이 없고, 앞으로도 이루어질 수 없을 것만 같을까? 성경은 세상이 정의를 잃어버린 이유가 바로 죄 때문이라고 말한다.

우리는 여호와를 거역하고 배반했습니다. 우리의 하나님께 등을 돌리고 뒤에서 협잡과 반란을 의논했고 마음에 거짓말을 품었고 또 중얼거렸습니다. 그리고 공의는 뒤로 제쳐 두고 정의는 저 멀리 멀어졌습니다. 성실이 길바닥에서 비틀거리고 있으니 정직이 들어올 수도 없습니다(사 59:13-14).

성경이 말하는 죄는 단순히 사회적 기준과 법칙을 어기고 다른 사람보다 나쁜 행동을 하는 것을 말하지 않는다. 그런 게 나쁜 짓이라는 건 유치원만 들어가도 누구나 다 안다. 성경이 말하는 죄는 그것을 넘어 세상을 창조한 주인이신 하나님을 무시한 채 내가 세상과 인생의 주인이 된 것이다. 우리를 세상에 존재하게 한 부모와 같으신 하나님을 자리에서 끌어내리고 없는 분 취급한 게 죄다.

만약 아주 고급스런 차를 가진 한 운전자가 있다고 해 보자. 이 사람은 평소에 너무 바른 모범 운전자다. 매번 교통 신호와 법규를 어긴 적이 없고, 규정 속도도 철저히 지킨다. 심지어 차를 타고 다니며 어려운 사람을 볼 때면 어김없이 내려서 돕는다. 먼 길을 가는 사람이 있을 땐 기꺼이 공짜로 차에 태우며 봉사도 한다. 그런데 어느 날 한 가지 진실이 밝혀진다. 이 사람이 남의 차를 훔쳐 자기 차처럼 운전하고 다녔다는 사실이다. 과연 이 사람은 죄인인가, 아닌가?

성경은 죄가 이와 같다고 말한다. 세상과 인생의 주인

이신 하나님을 내쫓고 내가 그 자리에 앉아 주인 행세하는 것. 그런데 내가 인생과 세상의 주인이 된 사람들은 정의도 자신의 입맛에 따라 결정하기 시작했다. 내가 주인이 된 사람들에게 가장 큰 정의는 곧 내가 옳다고 생각하는 것이다. 아무리 다른 누군가가 나에게 이게 옳다고 말해도 그것이 나를 불편하게 하면 그 순간 불의가 된다.

그런데 내가 곧 정의가 되자 세상은 더욱 예민해지고 날카로워지기 시작했다. 나의 심기를 조금이라도 건드리고 불편하게 하면 그것은 곧 불의한 일이다. 그래서 오늘날 수많은 사람이 작은 일에도 언짢아하고 불편하다고 말한다. 심지어 '프로 불편러'라는 신조어까지 생길 정도다.

이렇게 내가 정의가 된 세상에서 사람들은 타협과 협력, 배려와 이해, 그리고 용납을 잃어버렸다. 그리고 결국 각자가 정의가 되어 버린 세상에서 갈등은 점점 더 심해질 수밖에 없다. 그래서일까? 지금 세상을 보면 한국 사회뿐 아니라 전 세계가 매우 심각한 갈등을 경험하고 있다.

그런데 오늘날 세상이 추구하고 말하는 가치를 들어보면 이런 갈등이 심해지는 건 그렇게 이상한 일이 아니다. 오늘날 사람들은 겉으론 그 어느 때보다 인권과 사랑과 인류애를 말하지만 그 중심엔 결국 '나'가 있다. 세상은 끊임없이 "나는 소중하고 가치 있기에 그 누구도 내 삶에 간섭하게 해선 안 된다"라고 말한다. 그런데 아이러니하게, 내가 소중해질수록 갈등도 더 심해진다. 내가 제일 소중하기에 조금이라도 나에게 피해를 주거나, 불이익을 주거나, 나를 언짢게 하는 일들은 모두 불의하고 나쁜 게 되어 버리기 때문이다.

이것은 현대 사회에서 매우 심각한 문제이고, 앞으로 더욱 심해질 것이다. 그런데 정작 세상은 여기에 대한 해결책을 말해 주지 못한다. 내가 정의가 되어 버린 세상에서 사람들은 '다른' 것도 '틀리고 불의하다'고 생각하며 타협하거나 이해하려 하지 않는다. 그리고 이 모든 중심엔 결국 내가 주인이라는 죄가 있다.

성경이 말하는 죄에 대해 동의하는가?

내가 정의가 된 세상에서 당신은 나와 다른 것을
어떻게 구분 지을 수 있는가?

질서가 없이는
안정적인 삶도
없다

•
•
•

성경 이사야서는 약 2,700년 전에 쓰인 책임에도 불구하고 놀랍게도 하나님을 떠난 세상이 왜 정의와 멀어졌고, 왜 정의를 잃어버렸는지를 정확하게 진단하고 있다. 세상을 창조하신 하나님을 떠나 수많은 사람이 내가 세상과 인생의 주인이 된 채 정의를 마음대로 정하고 판단하는 순간, 참된 정의는 사라져 버렸다. 그리고 정의가 사라진 세상은 무질서와 혼란 속에서 위태롭게 흔들리기 시작했다.

오늘날 우리가 살아가는 세상을 보라. 지금도 세상은 수많은 혼란 속에서 위태롭게 흔들거린다. 과거에 비하면 그 어느 때보다 과학과 의학이 발달하고 눈부신 발전을 이루었지만 지금도 전 세계는 코로나19라는 바이러스 하나에 혼란과 갈등을 경험하며 흔들리고 있다. 단순히 질병뿐일까? 전 세계를 휩쓸고 있는 기상 이변과 여전히 멈추지 않는 전쟁과 기아 문제 등을 포함한 사회적인 이슈들은 우리가 살아가는 세상이 혼란 속에서 흔들리고 있다는 사실을 잘 보여 준다.

여기엔 여러 이유들이 있지만 가장 큰 원인은 하나님을 떠난 인간이 세상의 주인 노릇을 하려는 것에 있다. 내가 세상의 주인이 되어 내 마음대로 다스리려고 하는 인간의 욕심은 결국 주변을 파괴하고, 세상을 파괴하고, 자연을 파괴하고, 지구를 파괴하기 시작했다. 그렇게 하나님을 떠나 각자가 주인이 된 세상은 지금도 혼란 속에서 계속 흔들리고 있는 중이다.

성경은 이렇게 하나님을 떠나 끊임없이 흔들거리는 세상이 다시 하나님께 돌아와 하나님의 정의로운 다스리심을 받을 때 비로소 굳건하게 설 수 있다고 말한다.

이방 민족들 가운데서 "여호와께서 다스리신다"라고 선포하라.

세상이 든든하게 세워졌으니 흔들리지 않으리라. 그분이 사람
들을 공정하게 심판하시리라(시 96:10).

성경은 하나님이 단순히 사랑만 하시는 하나님이 아
니라 정의의 하나님이시라고도 말한다. 이 둘은 어느 것
하나가 더 우월하거나 높지 않다. 하나님은 완전한 사랑
이시면서, 동시에 완전하게 정의로우신 분이다.

그런데 정의는 곧 질서를 의미하기도 한다. 그래서 정의
의 하나님은 자신이 창조한 세상에 정의에 따른 질서를
주셨다. 실제로 우리가 세상에서 아름답다고 말하는 것
은 모두 어떤 질서 아래 있을 때 가능하다. 영화든, 음악
이든, 조각품이든 간에 사람들이 감탄하고 감동하며 아
름답다고 느끼는 것에는 모두 나름의 질서가 존재한다.

마찬가지로 사람들은 무질서하고 혼란스러운 삶을 멋
있는 삶이라고 말하지 않는다. 멋있는 삶이란 나름의
질서가 잡혀 있는 삶이다. 아름다운 사랑, 멋있는 꿈,
가치 있는 인생, 이 모든 것은 어떤 질서가 있을 때 가
능하다. 그런데 정의의 하나님을 떠난 세상과 인생은 무
엇이 바른 질서인지를 잃어버렸다. 그래서 내가 질서가
된 세상은 조금 편할지 몰라도 불안하고 위태롭다.

결국 정의의 하나님을 내 인생의 주인으로 두고 그분

의 질서 안으로 들어오지 않는 이상 우리 삶은 결코 굳건하게 설 수 없다.

모든 사람이 각자 내가 원하는 대로 사는 세상이

정말 굳건하며 아름다울 수 있을까?

정의는
보복과
함께 온다

.
.
.

우리가 아름답고 멋있는 삶을 살기 위해서는 정의의 하나님께 돌아가 그분이 창조하신 목적과 질서에 맞게 사랑하고, 꿈을 꾸며, 사람들과 관계를 맺고, 일을 해야 한다. 우리 인생이 가장 가치 있게 빛날 수 있는 매뉴얼을 하나님이 만드셨다.

그런데 문제는 정의에는 분명한 심판이 따라온다는 것에 있다. 그래서 정의로우신 하나님은 결코 그동안 하나님을 떠나 인생을 망가뜨리고, 이웃을 망가뜨리고, 세상을 망가뜨리며 무질서와 혼란 속에서 살아온 우리의 잘못에 나 몰라라 하지 않으신다. 정의는 반드시 불의를 바로잡고 그것에 따른 대가를 치르기 때문이다. 성경은 불의를 향한 하나님의 심판을 분명하게 말한다.

> 그들의 소행대로 갚으시고 적들에게 진노하시며 원수들에게 앙갚음하신다. 섬들에게도 보복하신다(사 59:18).

사실 하나님의 정의는 매우 무서운 이야기다. 그런데 과연 하나님을 떠나 그분을 무시한 채 내 마음대로 살았던 우리가 정의로운 심판에서 벗어날 수 있을까?

정직하게, 우린 그럴 수 없다. 그래서 성경은 세상이 하나님의 정의에 따른 보복과 심판을 알 때 두려워 떤다고 말한다. 하나님은 단순히 마음씨 좋은 이웃집 아저씨가 아니시다. 그분은 정의 앞에선 한 치의 흔들림도 없으신 공의의 재판장이시다. 그래서 하나님의 정의 앞에 설 때 우리는 그분을 두려워한다. '창조주이신 하나님을 무시하고 살았던 삶이 그 자체로 죄이며 잘못이었구나'라는 걸 알면 내가 정의의 심판에서 벗어날 수 없다는 사실을 깨닫는다.

그런데 성경은 정의로운 심판으로 보복하시는 하나님

이 우리를 구원하고 살리는 구원자로 오신다고 말한다.

그분이 구원자로 시온에 오시고 야곱 가운데 자기 죄를 뉘우
치는 사람에게 오신다. 여호와의 말씀이다(사 59:20).

불의에 분노하시고 정의로운 심판을 내리시는 공의의
재판장이 어떻게 정의를 떠나 자기 멋대로 살아간 우리
를 구원하실 수 있을까? 방법은 오직 하나다. 하나님의
아들이신 예수님이 우리를 대신해 우리가 받아야 할 모
든 보복과 심판을 온몸으로 받으셨다. 여기서 끝이 아니
라 우리에게 자신의 의로움까지 선물로 주셨다.

하나님과 우리가 있어야 할 자리가 뒤바뀐 사건, 사랑
과 정의가 유일하게 이루어질 수 있던 곳, 이게 십자가
다. 우리를 대신해 모든 정의의 보복과 심판을 받으신
예수님의 희생으로 이제 우리는 다시 하나님의 다스리
심 안으로 들어갈 수 있게 되었다. 그리고 다시 하나님
을 나의 주인으로 고백하며 그분이 원래 목적하셨던 질
서에 따라 아름답고 멋진 삶을 살 수 있게 되었다. 이게
성경이 말하는 구원이다.

그렇다면 하나님을 믿는 자들이 세상에서 하나님의 정
의를 따르며 사는 건 지극히 당연한 일이다. 이제 하나

님의 다스리심과 질서 안에서 진짜 아름다운 삶이 무엇이고, 가치 있는 인생이 어떤 것인지를 알게 되었기 때문이다. 하나님 안에서 참된 정의를 발견한 사람들은 더 이상 세상의 방법대로 살거나, 내 마음대로 살려고 하지 않는다. 그렇게 하지 않으면 벌을 받거나 지옥에 간다는 두려움 때문이 아니라, 하나님을 벗어난 삶이 더 이상 아름답지 않다는 사실을 깨달았기 때문이다. 그래서 성경은 하나님의 구원이 아무에게나 오는 것이 아니라, 자기 죄를 뉘우친 사람들에게 온다고 말한다.

자기 죄를 뉘우친 사람들은 하나님을 떠나 내가 인생의 주인이 되고 정의가 되어 살던 삶의 한계를 발견한 사람들이다. 내 마음대로 사는 삶이 무질서와 혼란 속에서 나와 이웃과 세상을 망가뜨리는 삶이라는 걸 알 때 사람들은 자신의 죄를 뉘우치고 인생의 방향을 하나님께로 바꾼다. 자기 죄를 뉘우치는 것, 이게 곧 회개다.

이렇게 삶의 방향성을 하나님께로 바꾼 사람들은 이제 하나님의 다스리심과 질서에 따라 살아가기 위해 노력한다. 그리고 하나님의 정의와 질서를 따르는 삶이 얼마나 멋있는 삶인지를 세상에 보여 준다. 이를 두고 예수님의 제자 중 한 명이었던 베드로는 하나님을 믿는 삶은 곧 세상에 그분의 아름다움을 선포하는 삶이라고 말했다.

그러나 여러분은 택하신 족속이요, 왕 같은 제사장들이요, 거룩한 나라요, 그분의 소유 된 백성이니 이는 여러분을 어둠에서 불러내어 그분의 놀라운 빛으로 들어가게 하신 분의 덕을 선포하게 하기 위한 것입니다(벧전 2:9).

하나님의 정의를 따라 사는 것은 팍팍하고 힘들며 세상에서 바보 같은 삶이 아니라, 오히려 너무나 멋있고 가치 있는 삶이다. 그러나 이 사실을 깨닫지 못할 때 사람들은 하나님을 억지로 믿으며 힘들게 따른다. 교회를 다닌다는 것을 그저 종교가 하나 생기거나 버겁고 힘들고 귀찮은 제약이 생기는 삶이라 생각한다.

하지만 성경은 하나님의 정의를 따라 사는 삶을 그렇게 말하지 않는다. 오히려 그곳에 우리가 그토록 찾던 진짜 멋있고 아름다운 삶이 있다고 선포한다. 그렇게 하나님은 세상 속에서 하나님의 정의를 고백하며 살아가는 사람들의 삶을 통해 하나님이 꿈꾸셨던 세상이 무엇인지를 보여 주기 원하신다.

참된 정의를 잃어버린 세상에서 하나님께 돌아가

그분의 정의를 행하며

멋있고 아름다운 삶을 살아가는 것,

이게 성경이 말하는 정의다.

정작 정의롭지 않은 세상에서
진짜 정의를 찾고 있진 않는가?

세상에서 가장 정의로우신
하나님 안에
당신이 찾던 그 정의가 있다.

나의 정의가 불완전하다는 사실을 알 때
우리는 하나님의 정의를 찾아 나선다.

하나님의 정의는 우리를 억누르는 정의가 아니다.
하나님의 정의는 가장 가치 있게 빛나는 정의다.

Part 7

사는 것도 힘든데
죽음까지
고민해야 돼
???

죽음을 생각하면
우리에겐 공허와 허무,
그리고 어둠만이 남는다.
결국 우리에게 필요한 건
내가 왜 죽어야 하는지가 아니라,
내가 그럼에도 왜 살아야 하는지다.

죽음을
잃어버린
세상

•
•
•

과거 사람들에게 죽음은 매우 현실적인 이야기였다. 과거엔 정확한 이유도 모른 채 죽음을 맞이하는 경우가 허다했고, 이유를 알아도 죽음에 이르게 하는 병을 고칠 기술력과 의술이 없어서 죽을 수밖에 없었다. 불과 우리 아버지, 어머니만 해도 실제 나이와 주민등록상의 나이가 다르다. 당시엔 신생아의 사망률이 높아서 일부러 아이가 태어나고 1년이 지난 후에야 출생 신고를 했기 때문이다. 이렇듯 불과 몇십 년 전까지만 해도 사람들에게 죽음은 주변 가까이에 있는 현실적인 이야기였다.

하지만 짧은 시간 동안 의학이 급진적인 발전을 이루었고, 이와 함께 사람들의 수명도 빠르게 늘기 시작했다. 그리고 이런 과학과 의학의 발달은 우리 가까이에 있던 죽음을 점점 먼 이야기처럼 들리게 만들었다. 물론 이런 혜택을 누리는 국가와 사람들 간의 차이는 존재하지만, 그럼에도 세계적으로 의학이 발달한 나라 중 하나에서 살아가는 한국 사람들에게 죽음은 더 이상 나와 가까운 이야기로 들리지 않는다.

그렇게 어느새 죽음과 멀어진 사람들은 마치 죽지 않을 것처럼 살아가기 시작했다. 삶이 영원할 것처럼 계획을 세우고, 그것을 향해 쉼 없이 달리며, 무엇인가를 더 가지고 조금이라도 더 쌓기 위해 발버둥 친다.

죽음이 사라진 세상에서 사람들은 잠시 멈춰서 자신의 삶을 되돌아보며 무엇이 중요한지, 앞으론 어떻게 살아야 하는지를 크게 고민하지 않는다. 조금이라도 더 빨리 앞으로 나가지 않으면 뒤처지는 세상에서 그런 건 사치고 시간 낭비일 뿐이다. 그렇게 사람들은 내일이 영원히 계속될 것처럼 앞만 바라보며 한없이 긍정적인 미래만을 꿈꾼다.

죽음을 잊은 사람들에겐 종교도 사치일 뿐이다. 과거

죽음이 나와 가까이 있다는 사실을 알던 사람들에게 신과 사후 세계는 중요한 이야기였다. 사람들은 언제든지 죽음이 나의 이야기가 될 수 있다는 생각 속에서 죽음과 죽음 이후의 세상에 대해 고민했고, 여기에 대한 나름의 답을 찾기 위해 종교와 신을 찾았다.

하지만 죽음을 잊어버린 오늘날 사람들에게 더 이상 종교와 하나님은 그다지 중요하지 않다. 죽음을 잊은 사람들은 지금의 현실이 가장 중요하기에 내 소중한 시간을 내어 예배를 드리고 신앙생활을 하는 것은 낭비라고 생각한다. 신앙생활을 한다 해도, 죽음을 잊어버린 사람들에게 신앙생활은 당장의 삶에 도움을 얻기 위한 수단일 뿐이다. 그래서 사람들은 하나님을 통해 내 형편이 더 나아지고, 더 좋은 것을 얻으며, 현실에서 복 받기만을 원한다.

이렇게 신앙생활 하는 것에 들이는 시간을 아까워하고 지극히 현실 중심적으로 사는 사람들에게 인터넷 매체의 발달은 신앙생활을 더욱 쉽게 만들어 줬다. 내 시간을 내는 것은 아깝지만 '혹시 하나님을 통해 무엇인가를 얻을 수 있고, 마음에 평안을 얻을 수 있진 않을까?'라는 고민을 하던 사람들에게 유튜브와 영상 예배는 두 마리 토끼를 잡을 수 있는 기회를 제공했다. 사람들은 이제 집에서 클릭 한 번으로 예배를 드렸다는 안심과 함께 당당하게 내가 원하는 것을 하나님께 구할 수 있다는 위안을 얻게 되었다.

이렇듯 죽음이 사라진 세상에서 신앙은 더 이상 하나님을 위한 것이 아니다. 어느새 신앙생활이라는 것은 지극히 개인적이고 현실적인 필요를 위한 것으로 전락해 버렸다.

당신은 죽음이 나와 가까이 있다고 생각하는가?
죽음에 대한 태도가 나의 삶에 어떤 영향을 미치는가?

죽음을
대하는
세상의 모습

•
•
•

죽음을 외면하려고 하는 사람들

죽음을 잃어버린 삶은 대단히 이상한 삶이다. 인간이라
면 누구나 피할 수 없는 죽음을 잊은 채 현실만을 바라
보며 사는 것은 언젠가 분명하게 닥칠 위기를 알면서도
그것을 애써 외면하는 것과 같다. 하지만 위기가 닥칠
것을 알고 있다면 외면해서는 안 된다. 위기를 외면한다
고 해서 거기서 벗어날 수 있는 것이 아니다. 위기가 닥
칠 것이 분명하다면 우리는 언젠가 직면할 위기를 대비

하고 있어야 한다.

하지만 많은 사람이 죽음을 피할 수 없다는 사실을 알면서도 정작 죽음에 대한 대비를 하려 하지 않는다. 그러다 생각지도 못한 죽음의 상황을 만날 때 사람들은 당황하며 혼란스러워한다. '언젠가 이런 일이 올지는 알았지만 이런 식일 줄은 몰랐다'는 식이다. 그래서 어떤 이들은 죽음이 가까이 왔다는 사실을 알 때 혼란 속에 패닉에 빠지기도 한다.

그럼에도 아직 어린 학생이나 청년들에겐 여전히 죽음이 먼 이야기처럼 들릴지 모른다. 하지만 분명한 것은 죽음은 언젠가는 반드시 닥칠 일이라는 것이다. 쓰러져 갈 것이 분명한 집에서 아무렇지도 않게 사는 사람은 없다. 내가 살고 있는 집이 쓰러져 가고 있고 언젠가 완전히 무너질 것을 안다면 우리는 분명한 선택을 해야만 한다. 이사하든지, 아니면 집을 부수고 새롭게 짓든지 대안을 마련해야만 한다. 죽음을 안고 사는 인생은 마치 언젠가 쓰러질 집에 사는 것과 같다.

그래서일까? 죽음이 나에게 생각보다 가까이 있다는 사실을 깨달은 사람들은 어떤 식으로든 이전과는 다른 삶을 살려고 한다. 죽음이 생각보다 가까이에 있다는 사실을 깨달을 때 우리는 지금까지 살아온 것과는 다른 삶을 고민하기 시작한다. 그리고 앞으로 어떻게 살아야 하는지를 재정립한다.

당신 같으면 내가 일주일 혹은 한 달 후에 죽는다는 것을 안 후에도 지금과 같은 삶을 살 수 있을 것 같은 가? 그럴 수 없다. 죽음은 어떤 식으로든 우리의 삶을 바꾼다.

나의 아버지 또한 몇 년 전 죽음의 문턱까지 다녀오신 이후 완전히 다른 삶을 살기 시작하셨다. 아버지는 죽음이 자신이 생각한 것보다 훨씬 더 가까이 있었다는 걸 알게 되신 후 더 이상 전처럼 사실 수 없었다. 그렇게 아버지는 평생 입버릇처럼 하시던 "때가 되면 교회에 갈 거야"라는 말을 처음으로 실행으로 옮기고 하나님을 인격적으로 믿기 시작하셨다.

죽음, 피할 수 없다면 즐겨라?

사람들은 죽음이 아직 나와는 상관없는 먼 이야기 같다고 생각하지만, 사실 죽음은 생각보다 우리 삶 가까이에서 영향을 미치고 있다.

과거 "나에게 찰떡같이 맞는 직업을 어떻게 찾을 수 있을까?"라는 주제로 진행된 세미나에 참석한 적이 있다. 세미나에 초청된 패널들은 하나같이 "꼭 내가 하고 싶은 일을 해야 한다"고 말했다.

세미나가 끝난 뒤 난 물었다. 만약 내가 하고 싶은 일 때문에 사랑하는 가족이나 연인이 피해를 입거나 손해를 감내해야 하는 일이 생길 땐 어떻게 해야 하냐고. 그중 한 명은 과거 자신이 교통사고로 죽음의 문턱에 섰던 상황을 이야기하며, 한 번 사는 인생이라면 "죽을 때 조금이라도 더 후회 없이 살다 죽어야 하지 않겠습니까"라고 말했다. 놀랍게도 내가 하고 싶은 일을 하면서 살아야 하는 이유에 죽음이 있었다. 한 번 살다 죽을 인생이라면 사는 동안 후회 없이 살다 죽는 것이 가장 중요하다는 것이었다.

그런데 죽음을 기초로 한 이런 가치관은 이미 우리 주변 곳곳에 자리 잡혀 있다. 오늘날 많은 사람이 말하는 '욜로'(Yolo), '카르페 디엠'(Carpe Diem)은 모두 '현재의 삶을 즐겨라'라는 뜻이다. "왜 굳이 현재의 삶을 즐겨야 할까?"라는 질문에 대해 둘은 같은 이야기를 한다.

죽으면 어차피 모든 것은 사라지고 아무것도 남지 않기에 인생에서 가장 중요한 것은 오직 지금일 뿐이다. 그러니 지금의 시간을 헛되이 보내지 말고 최대한 즐겨야 한다! 나중을 위해 열심히 돈을 모으고 아끼며 인내할 필요가 무엇이 있는가? 죽으면 모든 것이 끝인데. 그러니 지금 현재의 삶을 될 수 있는 한 즐겨라!

얼핏 들을 땐 "어차피 죽을 인생이라면 지금 내가 원하는 것을 하며 현재를 즐기면서 살자"라는 말은 맞는 말 같지만, 현실에서 이런 삶은 굉장히 불안정하고 불안하다. 현실적으로 우리에겐 현재를 즐길 수 있는 능력이 별로 없기 때문이다. 사실 오늘날 많은 사람이 원하는 즐기는 삶은 결국 내 눈에 좋아 보이는 다른 누군가를 따라 하는 것에 불과하다. SNS에 올라오는 온갖 화려한 삶을 부러워하며 그것을 따라 하는 것이 오늘날 사람들이 말하는 현재를 즐기는 삶이다.

정말 현재를 즐기기 원하는가? 그렇다면 우리는 굳이 여행을 가지 않아도, 호캉스 없이 내 집에 혼자 있어도, 세련된 옷 없이 후줄근한 잠옷을 입고 있어도, 유행하는 장소에 찾아가지 않고 방구석에 있는 것으로도 만족할 수 있어야 한다. 하지만 오늘날 사람들이 추구하는 현재를 즐기는 삶은 그런 것이 아니다. 사람들은 엄밀히 말해 현재를 즐기기 원하는 것이 아니라, 다른 사람의 행복해 보이는 이미지를 추구하며 나도 거기에 합류하고 싶은 것뿐이다.

솔직히 우리는 대부분 현재를 즐길 수 없고, 이미 즐기지 못하고 있다. 결국 '현재를 즐겨라'라는 말을 따르는 사람들은 대부분 현재 자신의 삶에 만족하지 못하고 즐기지 못하는 사람들이다. 문화 평론가 정지우 씨는 이런 현대 시대의 모습을 두고 이렇게 말했다.

나는 우리 세대가 그렇게 자유롭고 낭만적이며 자기만족 속에 머무는 삶을 분열 없이 온전히 누릴 수 있는 세대라 생각하지 않는다. 우리는 저 현실로부터 전해져 오는 엄청난 불안, 강박, 박탈감, 동일해지고 획일화되고자 하는 욕망으로부터 자유로울 수 없다.[10]

당신은 내 삶을 있는 그대로 즐길 수 있다고 생각하는가?

내 삶을 더 즐기기 위해
당신이 추구하고 원하는 것은 무엇인가?

죽음은
의미가 될 수
없다

•

•

•

"언젠가 죽을 인생, 현재를 즐겨라"라는 말은 분명한 한계를 가지고 있다. 솔직히 말해, 언젠가 죽고 모든 것이 끝날 인생이라면 굳이 현재를 즐길 이유는 무엇인가? 어차피 죽고 난 후에 모든 것이 없어질 인생이라면 현실을 즐기든 즐기지 않든, 의미 있는 인생을 살든 의미 없는 인생을 살든, 열심히 살든 열심히 살지 않든 이런 것들이 그토록 중요할까? 죽으면 결국 아무것도 남지 않을 텐데!

　하지만 우리는 어차피 죽을 인생이라고 아무렇게나 막

살 수 없다. 사람은 비록 한 번 살다 죽을 인생이라도 내가 살아야 하는 의미를 찾아야만 한다. '현재를 즐기는 것'도 마찬가지다. '재미'라는 의미라도 있어야 인생을 살 수 있는 게 사람이다. 이 말은 죽음은 결코 그 자체로 삶의 이유가 될 수 없다는 것을 보여 준다.

언젠가 내가 죽는다는 것을 알아도 사람들은 죽음을 삶의 이유로 두진 않는다. 건강한 인생을 살아가기 위해선 오히려 내가 죽는다는 것을 잊어버리게 해 줄 다른 인생의 의미와 이유가 필요하다. 사람들이 죽음을 진지하게 생각하기 싫은 이유도 여기에 있다.

언젠가 맞이할 죽음이지만 죽음에서 우린 그 어떤 의미도 발견할 수 없다. 죽음은 마치 블랙홀과 같아서 모든 것을 빨아들인 채 아무것도 남지 않게 만든다. 죽음을 생각하면 우리에겐 공허와 허무, 그리고 어둠만이 남는다. 거기선 도대체 내가 왜 이렇게까지 살아야 하는지를 찾을 수 없다. 결국 우리에게 필요한 건 내가 왜 죽어야 하는지가 아니라, 내가 그럼에도 왜 살아야 하는지다.

오늘날 세상은 죽음은 자연스러운 하나의 생물학적인 현상일 뿐 굳이 나쁜 건 아니라고 말한다. 물론 과학적으로, 그리고 생물학적으로 죽음을 자연스러운 하나의 생의 과정으로 볼 수 있다. 하지만 그럼에도 모든 사람이 죽음을 자연스러운 하나의 현상으로 받아들이지 못할 때가 있다. 바로 죽음이 내가 사랑하는 누군가를 빼앗아 갈 때다.

"슈퍼맨이 돌아왔다"라는 TV 육아 프로그램에서 어린 아들이 아빠에게 물었다. "아빠, 우리 네 식구가 영원히 이렇게 같이 살 수는 없어?" 아들의 질문에 아빠는 잠시 고민하다 대답했다. "사람은 영원히 살 수 없어. 사람은 여러 가지 이유로 언젠가는 하늘나라로 가야 해. 하지만 그게 슬픈 게 아니야. 살아 있는 동안 아빠랑 같이 밥 먹고, 엄마랑 같이 목욕하고 살면 돼. 그건 슬픈 일이 아니야." 하지만 죽음이 슬픈 일이 아니라는 아빠의 말에도 아이는 결국 눈물을 흘리며 슬퍼했다.

죽음이 우리에게 전혀 자연스럽지 않은 일로 여겨질 때는 사랑하는 사람과의 이별을 경험할 때다. 죽음의 가장 큰 고통은 사랑하는 사람과 우리를 억지로 떼어 놓는다는 것에 있다. 이런 이별의 순간이 올 때 죽음이 아무리 자연스러운 일이라는 걸 머리론 알아도 우리는 슬퍼하고 가슴 아파한다. 팀 켈러는 이를 두고 다음과 같이 말했다.

삶을 의미 있게 하는 요소는 무엇보다 사랑의 관계다. 그런데 죽음은 오랜 세월에 걸쳐 그런 관계를 하나둘씩 빼앗아 당신을 점점 앙상한 나무처럼 만든다. 그러다 마침내 당신에게 찾아와 뒤에 남을 사랑하는 이에게서 당신을 빼앗아 간다. 진정한 사랑은 거의 본질상 영속성을 갈구하며, 결코 사랑하는 이와 이별하는 것을 바라지 않는다. 그런데 죽음은 삶을 의미 있게 하는 요소를 모두 앗아 간다. 그러니 죽음을 두려워하지 않을 수 있는가? 죽음은 우리의 최후의 원수다. 사랑하는 이의 시신을 보는 일보다 더 비참한 경험은 없다. 이생의 무엇도 당신의 깊은 상처를 치유해 줄 수 없다.[11]

아무리 죽음이 자연스러운 현상이라고 믿는다 해도 막상 사랑하는 이를 죽음에 빼앗겼을 때 우리는 모두 슬퍼하고 가슴 아파하지 않을 수 없다. 죽음이 나의 사랑하는 사람을 빼앗을 때 죽음은 더 이상 자연스러운 일이 아니다. 그것은 분명 옳지 않고 세상에서 가장 나쁜 일이다.

당신은 정말 사랑하는 사람을 잃을 때에도
죽음을 하나의 자연스러운 현상으로 받아들일 수 있겠는가?

영원한 것은
절대 없어?

•
•
•

세상은 죽음이 잘못된 일이라고 말하지 않는다. 일반적인 종교에서도, 철학에서도, 과학에서도 죽음은 자연스러운 하나의 현상일 뿐이다. 하지만 기독교는 분명 죽음이 나쁘고 옳지 않다고 말한다.

성경에는 예수님이 죽음에서 살리신 사람들이 등장하는데, 그중 한 명은 나사로다. 예수님은 친한 동역자였던 나사로가 죽었다는 소식을 듣고 그의 시체가 장사된 곳으로 가셨다. 그리고 예수님은 나사로의 죽음 앞에 눈물을 흘리셨다. 그것도 잠깐 눈물을 글썽이신 것이 아니라, 진심으로 통곡하셨다. 그래서 이 모습을 보던 사람들은 "예수님이 진짜 나사로를 아끼셨구나"라고 말하기까지 했다.

그러자 유대 사람들이 말했습니다. "보시오. 그가 나사로를 얼마나 사랑하셨는지!"(요 11:36).

그리고 예수님은 나사로를 죽음에서 살리셨다. 이상하지 않은가? 어차피 그가 다시 살아날 것을 아셨고 살리실 거라면 그렇게까지 우실 필요가 없지 않은가? 오히려 회심의 미소를 지으시며 "내가 모두를 깜짝 놀라게 할 엄청난 기적을 보여 주마"라고 하셔야 맞지 않을까? 하지만 예수님은 나사로를 살리시기에 앞서 그의 죽음에 진심으로 통곡하셨다. 죽음은 그분이 원하시는 일이 아니었기 때문이다. 예수님께 죽음은 자연스러운 현상도 아니고, 기적을 베풀기 위한 좋은 도구도 아니라, 슬프고 나쁜 일이었다.

성경이 죽음을 옳지 않다고 말하는 이유는 하나다. 죽음은 하나님이 원하신 게 아니었다. 하나님이 태초에 세상을 창조하실 때 죽음은 그분의 계획에 없었다. 죽음의 가능성은 있었지만 하나님이 그것을 원하신 것은 아니었다. 그런데 왜 하나님이 원하지 않으신 죽음이 세상에 찾아왔을까?

앞서 죽음이 결코 자연스러운 현상이 아니라는 걸 가장 절실하게 느낄 때는 사랑하는 사람과 이별할 때라고 했다. 관계의 끊어짐만큼 우리에게 죽음이 잘못되었다는 것을 알게 하는 것은 없다. 죽음의 가장 큰 절망은 곧 관계의 단절이다. 여기서 우리는 왜 죽음이 찾아왔는지를 알 수 있다. 죽음이 찾아온 이유는 바로 영원한 생명이신 하나님과 우리의 관계가 끊어졌기 때문이다.

예전에 제주도에서 신기하게 생긴 나뭇잎을 본 적이 있다. 그 모양과 향이 너무 좋아서 나뭇가지에서 하나를 살짝 떼어 수첩 사이에 넣어 두었다. 하지만 일주일 뒤 수첩을 열었을 때 발견한 그 나뭇잎은 어느새 완전히 메말라 있었고 향도 사라져 있었다.

그런데 과연 그 나뭇잎이 내가 나뭇가지에서 뗀 그날 바로 말랐을까? 아니다. 나뭇잎은 며칠 동안은 계속 푸른 잎과 향을 유지했을 것이다. 하지만 나뭇가지에서 떨어진 잎은 이미 죽어 가고 있었다. 성경이 말하는 죽음이 바로 이와 같다. 영원한 생명의 공급자이신 하나님에게서 떨어져 나간 순간, 우리는 죽음을 맞이한다.

오늘날 사람들은 영원한 것은 없다고 말한다. 하지만 영원한 것이 없는 게 아니다. 더 정확히 말하면, 우리가 영원하신 분을 잃었다. 사람들은 영원한 생명이신 하나님을 떠나 그 자리를 세상의 유한한 것들로 메꾸려 했다. 하지만 그 무엇도 영원할 수 없었다. 돈도, 명예도, 사람들의 인정과 박수도, 모든 걸 다 할 수 있을 것 같은 힘도, 내가 사랑하는 사람도 모두 죽음 앞에선 의미를 잃는다. 결국 영원한 생명이신 하나님이 아니고선 그 무엇도 우리에게 영원한 생명과 삶의 의미를 줄 수 없다.

우리가 죽음에서 벗어나 영원한 생명을 경험하며 삶의 의미를 찾을 수 있는 방법은 오직 하나다. 영원한 생명이신 하나님께 다시 돌아가야만 한다.

그런데 그분께 진짜 영원한 생명이 있다는 걸 우리는 어떻게 알 수 있을까?

하나님께 영원한 생명이 있다는 말은 신화 속 다른 이야기와 무엇이 다른가?

부활이 없다면
영원한 생명도
없다

•
•
•

예수님의 부활은 그분이 곧 하나님이시며 영원한 생명을 가지고 계신다는 사실을 가장 확실하게 보여 준다. 예수님은 하나님을 떠나 죽음의 어둠 속으로 들어간 우리에게 영원한 생명을 주시기 위해 직접 죽음으로 뛰어드셨다. 성경은 예수님이 무덤에 장사되셨다고 분명하게 말한다. 무덤은 예수님의 죽음이 실제 우리의 죽음과 하나도 다를 것이 없는 동일한 죽음이었다는 걸 잘 보여 준다. 심지어 당시 종교 지도자들은 혹시 무슨 일이 있을지 몰라 무덤 앞에 로마 병사까지 배치시켰다.

> 총독 각하, 저 거짓말쟁이가 살아 있을 때 "내가 3일 만에 다
> 시 살아날 것이다"라고 말한 것이 기억납니다. 그러니 3일째
> 되는 날까지는 무덤을 단단히 지키라고 명령해 주십시오. 그러
> 지 않으면 그의 제자들이 와서 시체를 훔쳐 놓고는 백성들에
> 게 "그가 죽은 사람 가운데서 살아났다"라고 말할지도 모릅니
> 다. 그러면 이번의 마지막 속임수는 처음 것보다 더 나쁜 결과
> 를 가져올 것입니다(마 27:63-64).

이는 당시 예수님의 제자들뿐만 아니라 로마 병사들도
분명하게 무덤에 장사되신 예수님의 시체를 확인했다는
걸 알려 준다. 실제로 예수님의 시체는 3일 동안 캄캄한
무덤에 있었다. 하지만 3일 뒤 여인들이 무덤에 찾아갔을
때 예수님은 더 이상 그곳에 계시지 않았다. 그리고 얼마
지나지 않아 여인들과 제자들은 다시 살아나신 예수님을
만났다. 예수님이 우리를 죽음에서 벗어나게 하기 위해 오
신 영원한 생명의 하나님이시라는 걸 직접 목격한 것이다.
어떤 사람들은 예수님의 부활은 제자들이 인기를 끌고
교세를 확장하기 위해 지어낸 이야기라고 말한다. 하지만
유대인들에게 하나님은 너무나 거룩하셔서 감히 이름도

제대로 부르지 못하는 존재셨다. 그런데 그런 하나님이 연약한 인간으로 오셔서 원수인 로마에게 죽임을 당하시고 굳이 또다시 인간의 몸으로 살아나셨다? 당시 사람들에게 이런 이야기는 오늘날 사람들이 부활을 믿는 것보다 훨씬 더 믿을 수 없는 부정한 이야기였다. 부활은 당시 사람들에게도 예수님을 믿는 데 있어서 큰 장애물이었다.

하지만 제자들은 사람들이 그 사실을 믿든지, 믿지 않든지 중요하게 생각하지 않았다. 오히려 그들은 목숨의 위협을 받으면서도 부활을 전하는 것을 멈출 수 없었다. 예수님의 제자였던 베드로와 요한은 그 이유를 두고 이렇게 말했다.

> 그러나 베드로와 요한이 대답했습니다. "하나님의 말씀보다 당신들의 말에 순종하는 것이 하나님 보시기에 옳은지 스스로 판단해 보십시오. 우리는 보고 들은 것을 말하지 않을 수 없습니다"(행 4:19-20).

베드로와 요한은 아무리 자신들을 협박하고 목숨을 위협해도 결코 굴복할 수 없는 이유가 자신들이 보고 경험한 것이 명백한 사실이기 때문이라고 말했다. 바로 이게 당시 제자들이 예수님의 부활을 전했던 이유다. 그들은 자신들이 목격한 부활이 너무나 명백한 사실이었기 때문에 전하지 않을 수 없었다.

만약 단순히 부귀영화나 종교적 세를 늘리는 것이 그들의 목적이었다면 굳이 이렇게까지 할 필요가 없었다. 죽으면 그런 게 다 무슨 소용이 있는가? 하지만 제자들은 자신들의 목숨이나 안위에 연연하지 않고 담대하게 예수님의 부활을 전했다.

그들은 불과 몇 달 전까지만 해도 예수님이 붙잡히실 때 두려움에 도망치던 겁쟁이들이었다. 그런데 이런 겁쟁이 제자들이 몇 달 만에, 심지어 예수님이 없는데도 불구하고 완전히 변해 있었다. 어떻게 그럴 수 있었을까? 우리가 유추해 볼 수 있는 가장 큰 이유는 오직 하나다. 자신들이 목격한 예수님의 부활이 너무 명확한 사실이었기 때문에 그렇게 하지 않을 수 없었던 것이다.

만약 하나님이 영원한 생명이신 자신과 관계가 끊어진 채 죽음 아래 놓여 있는 우리를 구원하기 위해 인간이 되셨다면, 그리고 우리를 대신해 죽음으로 들어가셨다면 그분이 다시 죽음을 이기고 살아나셨다는 이야기가 정말 불가능한 이야기일까?

부활은
모든 것을
바꾼다

•

•

•

역사상 수많은 종교 지도자와 철학자, 그리고 뛰어난 교사들은 사람들에게 좋은 가르침을 전해 왔다. 그들의 가르침을 통해 많은 사람이 선한 영향력을 받았고 세상을 변화시키기도 했다. 하지만 부활은 완전히 다른 문제다. 사람들이 아무리 예수님을 역사 속 좋은 종교 지도자중 하나로 두려고 해도 결국 문제에 부딪히는 이유가 여기에 있다.

예수님의 제자들은 좋은 가르침을 넘어 예수님이 분명

하게 죽음에서 다시 살아나셨다는 부활을 가르치고 전했다. 결국 예수님의 부활 앞에서 우리는 한 가지를 선택해야만 한다. 그분이 진짜 역사 속에서 죽음을 이기고 부활하신 하나님이시거나, 아니면 사람들을 현혹하고 선동한 사이비 교주였거나다.

그런데 만약 예수님의 부활이 정말 역사 속에서 일어난 사실이라면? 그렇다면 예수님의 가르침은 다른 종교 지도자들의 가르침과 완전히 달라진다. 예수님의 부활은 곧 그분의 가르침이 변하지 않는 진리라는 걸 보여 준다. 내가 예수님의 말씀에 공감하든 공감하지 않든, 내 생각과 가치관이 예수님의 말씀과 같든 같지 않든 부활이 사실이라면 우리는 그분의 말씀을 따르기 위해 노력해야만 한다. 그것이 진리이기 때문이다.

이 말은 예수님이 자신을 두고 "나는 길이요, 진리요, 생명이니 나를 통하지 않고서는 아버지께로 올 사람이 없다"(요 14:6)라고 하신 말씀 또한 진리라는 걸 보여 준다.

예수님은 제자들에게 단 한 번도 "너희가 구원받고 싶다면 이렇게 살아야 한다"는 방법을 가르쳐 주신 적이 없다. 예수님이 제자들에게 가르쳐 주신 핵심은 '예수님이 곧 구원'이라는 사실이었다. 만약 예수님이 십자가에서 죽으신 채로 모든 게 끝났다면 예수님의 말씀은 그저 허황되고 정신 나간 소리에 불과했을 것이다.

실제로 예수님이 죽으신 후 제자들은 이런 실망감과 좌절감에 뿔뿔이 흩어졌다. 예수님의 죽음과 함께 그동안 예수님께 들은 수많은 가르침과 말씀은 더 이상 아무런 의미도 없어 보였다. 하지만 예수님의 부활을 목격한 제자들은 비로소 예수님의 말씀이 진리라는 것을 깨달았고, 그분께 영원한 생명이 있다는 사실을 알게 되었다. 그리고 이 사실을 깨닫자 그들은 변하기 시작했다.

마찬가지로 오늘날에도 예수님의 부활이 비유나 상징이 아니라, 역사 속에서 일어난 사실이라는 걸 믿을 때 우리의 삶은 변하기 시작한다. 예수님의 부활은 우리가 살아가는 이 세상이 끝이 아니라, 언젠가 모든 것이 회복되고 바뀔 날이 온다는 것을 보여 준다.

여전히 뉴스에서 안타까운 사망 소식이 들릴 때마다 사람들은 말한다. "이제 좋은 곳에서 편히 쉬시길. 언젠가 더 좋은 세상에서 만나요." 하지만 부활이 없다면 이 말은 모두 헛소리에 불과하다. 죽음은 그냥 죽음으로 끝이고, 그것은 굳이 잘못된 게 아니다. 비록 과정은 잘못되었을지 몰라도 어차피 죽음 앞에선 결국 매한가지다. 그런데 과연 당신은 이런 세상에서 무엇을 소망하며 살 수 있겠는가? 결국 죽음 앞에 우리는 진정한 삶의 의미와 이유를 잃어버린다.

이런 우리에게 예수님의 부활은 우리가 그토록 꿈꾸던 소망이 진짜 존재한다고 말한다. 그래서 예수님의 부활은 우리로 하여금 세상 속에서 두려움을 극복할 수 있는 용기와 담대함을 준다.

성경에서 예수님의 부활을 처음으로 목격하고 전한 사람들은 여인들이었다. 그런데 예수님 당시에 여인들은 재판정에서 목격자로서 자격도 얻지 못하는 존재였다. 이런 시대에 여인의 몸으로 불결한 부활 소식을 전했다간 어떤 봉변을 당할지 알 수 없었다. 그럼에도 여인들은 예수님의 부활을 전했다. 예수님의 부활을 목격한 순간, 그것보다 더 중요한 소망을 찾았기 때문이다. 부활은 그녀들로 하여금 사회적 장벽과 두려움을 이길 수 있는 용기와 담대함, 그리고 변화를 가져다주었다.

부활을 믿는다는 것은 지금 우리가 살아가는 현실을 넘어서 그것보다 훨씬 더 중요한 세상이 찾아올 것을 믿는 것이다. 그리고 이 사실을 믿을 때 우리는 더 이상 내 인생과 현실만을 가장 중요하게 여기며 살아가지 않게 된다. 하나님을 믿고 신앙생활 하는 것을 그저 내 마음에 위로와 평안을 얻고 세상살이에 도움을 얻는 것 정도로만 생각하지 않게 된다.

부활은 우리가 살아가는 세상의 가치가 완전히 바뀌었다는 사실을 보여 주기에, 부활을 소망할 때 우리는 세상의 소망을 넘어서는 삶을 살아간다. 그렇게 부활은 우리로 하여금 이 세상의 끝이 아무것도 없는 어둠이 아니라, 모든 것이 회복될 빛이 있음을 소망하게 해 준다.

당신은 죽음에 직면할 용기가 있는가?

피할 수 없는 죽음에 정직하게 직면할 때
우리는 비로소 부활이라는 소망을 발견한다.

죽음은 신화가 아니라
지금 나와 당신의 이야기다.

죽음 앞에서도 흔들리지 않을 용기가 있는가?

죽음에 대한 문제가 해결될 때
비로소 내 삶의 문제도 해결되기 시작한다.

죽음을 이기신 예수님 안에
죽음에 대한 해답이 있다.

당신이 어떤 고민을 가지고 이 책을 읽기 시작했든 7가지 주제를 보면서 한 가지 생각이 들었을 거라 생각한다. 내가 모든 주제에서 결코 자유로울 수 없다는 사실이다. 아마 지금까지 이 주제들에 대한 길을 찾기 위해 무엇인가를 좇아오고 귀를 기울였을 수도 있다.

이상하지 않은가? 우리는 각자 다른 인생을 사는 것 같으면서 모두 비슷한 질문을 하고, 비슷한 고민을 하며, 비슷한 문제를 경험한다. 이게 인생을 살아가는 우리의 모습이다. 그리고 적어도 이는 우리에게 한 가지를 알게 해 준다. '내가 이상하지 않다'는 사실이다. 모두가 비슷한 고민을 하고 있다면 결코 나만 이상한 게 아니다.

그런데 우리는 여기서 한 가지를 더 질문해 볼 수 있다. "인생을 살아가는 모두가 결국 비슷한 고민과 문제와 갈등을 경험하고 있다면 여기에 대한 답 또한 어딘가에 존재하는 건 아닐까? 그 이유와 원인이 어딘가에 있지 않을까?" 하는 것이다. 어쩌면 이 질문이야말로 "인생은 원래 그런 거야"라는 말보다 더 합리적이고 타당하진 않을까? 그렇다면 온 세상을 창조하시고 인생을 만드신 하나님을 통해 인생에 대한 답을 찾으려고 하는 게 정말 말도 안 되는 종교적 망상에 불과한 일일까?

이런 의미에서 기독교는 단순히 하나님이라는 신을 믿는 종교 이야기가 아니다. 기독교는 왜 모든 사람이 인생에서 비슷한 문제와 고민을 가지며 살고 있는지에 대한 이유와 하나님이 이런 우리를 위해 어떤 일을 하셨는지에 대한 이야기다. 성경은 이를 '기쁜 소식'이라고 표현한다. 하나님이 우리에게 어떤 일을 하셨는지를 알 때 인생의 여러 고민 속에서 방황하고 헤매던 우리가 길을 찾고 기뻐할 수 있기 때문이다. 물론 이건 책에서 다룬 7가지 주제를 훨씬 넘어서는 더 거대한 이야기다. 나는 그중에서도 오늘날 청년 세대가 고민하고 있는 인생의 7가지 질문(자아, 꿈, 자유, 사랑, 외로움과 인간관계, 정의, 죽음)에 대해서만 다뤘을 뿐이다.

이 책을 통해 당신이 어떤 반응을 보일지 나는 모른다. 하지만 적어도 건강한 인생을 살고 싶다면 당신이 가지고 있는 질문에 대한 바른 답을 찾는 건 너무나 중요하다는 걸 말하고 싶다. 그래서 무엇이 되었든 부디 너무 성급하고 쉽게 어떤 결정을 내리진 않았으면 좋겠다. 이 책은 당신이 가지고 있을 7가지 질문에 대해 기독교적인 길을 대략적으로 제시할 뿐이다. 하지만 적어도 이 책을 통해 기독교가 당신의 인생에 충분히 설득력 있고 의미 있는 길을 제시할 수도 있다는 사실을 조금이라도 알게 되었다면 더 본격적으로 여기에 대해 알아 가길 추천한다. 이 이야기가 정말 사실이라면 당신이 그토록 찾아 헤매던 인생의 중요한 길을 발견할 수 있기 때문이다.

내가 이렇게 이야기할 수 있는 이유는 나 또한 인생의 여러 가지 고민 속에서 씨름해 왔고 거기에 대한 답을 하나님 안에서 발견해 왔기 때문이다. 물론 모든 걸 알고 발견한 것은 아니다. 지금도 여전히 알아 가고 있고 발견해 가는 중이다. 하지만 확실한 건 그동안 수없이 헤매며 질문해 왔던 인생의 질문들이 하나님 안에서 해결되고 정리되는 걸 경험했다는 사실이다. 그리고 이것을 더욱 알아 가는 만큼 내 삶 또한 바뀔 수밖에 없었다. 나는 이 책을 읽고 있는 당신도 이런 가치 있는 경험을 하기를 소망한다.

하나님이 없었다면 내 인생은 어땠을까? 아마 나는 감사보다는 불안과 원망과 비교와 압박 속에서 수없이 흔들리며 살았을 거 같다. 하지만 하나님이 있었기에 나는 인생의 어려움 속에서도 굳건히 서 가는 법을 배우고 알아 갔다. 이 책을 읽는 당신도 부디 내가 만난 이 멋있는 하나님을 만나 굳건히 세워져 가기를 바란다.

이 책이 나오기까지 많은 분의 응원과 도움이 있었다. 먼저 책이 만들어지기까지 많은 수고를 해 주신 두란노서원에 감사를 드린다. 또한 책에서도 잠깐 언급했지만, 2020년까지 돈의 세계에 살다 지금은 하나님을 통해 완전히 새로운 인생을 살고 있는 귀한 동역자 성연, 예진 부부에게 감사를 전한다. 평생을 곁에서 응원하고 기도해 주신 부모님 조운주 집사님과 강혜련 권사님께 감사드리고, 2021년 새로운 부모님이 되어 항상 신앙의 본을 보여 주시는 정병민 집사님과 배숙진 권사님께도 감사 인사를 드린다. 마지막으로, 내 인생에서 하나님이 보내 주신 가장 소중한 선물, 사랑하는 아내 다희에게 감사를 전하고 싶다.

하나님께서 여러분에게 그분의 영광의 풍성을 따라 성령으로 인해 여러분의 속사람을 능력으로 강건하게 하시고 믿음으로 인해 그리스도께서 여러분의 마음 가운데 거하게 하시기를 빕니다(엡 3:16-17).

주(註)

1_ 폴 손, 《청년의 시간》(두란노, 2017), pp. 22-23.

2_ 박철현, 《출애굽기 산책》(솔로몬, 2014), p. 64.

3_ 팀 켈러, 《팀 켈러의 답이 되는 기독교》(두란노, 2018), p. 159에서 재인용.

4_ 팀 켈러, 같은 책, p. 160.

5_ 팀 켈러, 같은 책, p. 167.

6_ C. S. 루이스, 《고통의 문제》(홍성사, 2005), p. 68.

7_ 존 스토트, 《에베소서 강해》(IVP, 2007), p. 111에서 재인용.

8_ 채사장, 《지적 대화를 위한 넓고 얕은 지식》(웨일북, 2020), p. 21.

9_ 데이비드 폴리슨, 《악한 분노, 선한 분노》(토기장이, 2019), p. 63.

10_정지우, 《인스타그램에는 절망이 없다》(한겨레출판사, 2020), p. 26.

11_팀 켈러, 앞의 책, p. 233.